三十七道品講記

聖嚴法師

編者序

三十七道品，是通往覺悟之路的地圖，是七個基礎的佛法修行階段。在法鼓文化的各類出版品中，雖不乏聖嚴法師對各階段的討論與開示，卻尚無一部完整涵括所有七個階段的著作。法鼓文化推出本書的目的，即是希望整合法師對於「三十七道品」的開示內容，讓讀者能一次獲得完整的相關法教。

本書除了〈四念處講記〉之外，其他內容分別出自「隨身經典」系列的《四正勤講記》、《四如意足講記》、《五根五力講記》、《七覺支講記》、《八正道講記》等五本小書，予以重新整併而來。〈四念處講記〉則是第一次以中文呈現，內容翻譯自香巴拉出版社（Shambhala Publications）於二〇一〇年出版的聖嚴法師英文著作《菩提之道——三十七道品》（*Things Pertaining to Bodhi: The Thirty-seven Aids to Enlightenment*）中的「四念處」篇章。該英文版與本中文版取材自同一來源，整理自法師於一九九九至二〇〇三年間在美國東初禪寺開示的中、英文記錄稿。本書的中文字皆經過重新校對，經典出處的標示方式亦經過重新統一。

值得一提的是，我們特別將英文版中的〈編者序〉一文收錄於書後。此篇序文除了詳細說明三十七道品的源由、出處以及在覺悟中的角色之外，也特別探討修禪者與三十七道品的關係。經常指導大眾禪修的聖嚴法師，在本書中以獨特的觀點解釋了三十七道品的次第漸修法門與禪宗頓悟法門的調和問題。法師表示，禪雖講頓悟，亦涵蓋漸修，此三十七道品可做為頓悟法門的基礎，甚至利益不能頓悟見性之修行者。

佛法有八萬四千法門，但終歸一解脫味。無論是解經或指導禪修，聖嚴法師總能顧慮現代人忙碌的生活方式，以最切合時代的語言和實例，從無邊的經藏大海中，瓢取那最純粹的解脫味與讀者分享。然而修行亦如飲水，冷暖自知，期盼讀者能親自品嘗、用心體會，領略那妙不可言的法味。

法鼓文化編輯部

目錄

編者序……3

壹、四念處講記

修四念處的究竟目標——智慧……15
身念處……18
受念處……22
心念處……25
法念處……28
大乘觀空的方法……31

貳、四正勤講記

前言……37
四正勤是三十七道品的內容之一……38
一、小乘的四念處觀……39

二、大乘的四念處觀 40
四正勤的異名 44
善法與惡法 46
一、十善法與十不善法 46
二、心的善與不善 47
三、以善止惡即是修行 49
四正勤的內容 51
一、五蓋 52
二、五種善根 54
修行四正勤在大小乘的重要性 57
精進的種類 61
佛教基本三經皆重視精進行 64
一、《八大人覺經》 64
二、《四十二章經》 67

三、《佛遺教經》……71
結論……74

參、四如意足講記

四如意足是四種定境……77
修證次第中的四如意足……79
四如意足的內容……82
一、欲如意足……83
二、精進如意足……84
三、心如意足……84
四、思惟如意足……85
四如意足即是四種三摩地……87
一、欲三摩地……87
二、勤三摩地……88

三、心三摩地……89
四、觀三摩地……90
四如意足即是四神足……92
四如意足為何稱為四神足……94
四神足不是神足通……96

肆、五根五力講記

前言……103
何謂五根及五力？……104
如何在日常生活中運用五根？……107
一、信根增長……108
二、精進根增長……114
三、念根增長……119
四、定根增長……125

五、慧根增長……129
五力的功用……136
五根五力的經證及論證……137
一、《雜阿含經》卷二十六第六四七經……137
二、《增一阿含經》卷四十二〈結禁品〉第四十六第八經……138
三、《俱舍論頌疏論本》卷二十五……139
四、《瑜伽師地論》卷五十七……140
五、《大智度論》卷十九……140
問答……144

伍、七覺支講記

三十七道品第六科……149
何謂七覺支？……152
一、七覺支的名稱……152

二、七個項目……154
七覺支的意義……155
一、念覺支……155
二、擇法覺支……159
三、精進覺支……161
四、喜覺支……167
五、除覺支……170
六、定覺支……170
七、捨覺支……172
《阿含經》中的七覺支修持及其功用……174
一、先行修持……174
二、七覺支的修習……181
三、修持七覺支的功德……188
大乘經論中的七覺支……191

一、《維摩經》卷中〈問疾品〉……191
二、龍樹《大智度論》卷十九……192
三、天台智顗的《法界次第初門》卷中……198

陸、八正道講記

何謂八正道?……203
八正道的地位……205
八正道是捨苦樂二邊的中道行……207
八正道的定義……211
八正道的內容……216
一、正見……216
二、正志……224
三、正語……226
四、正業……227

五、正命 229
六、正方便 233
七、正念 234
八、正定 236
八正道與三增上學 240
八正道與四聖諦 242
八正道與十二因緣 245
八正道是三乘共法 248
八正道即為大乘佛法 250
出離三界的八正道 253

附錄

英文版《菩提之道——三十七道品》編者序 256

壹、四念處講記

修四念處的究竟目標——智慧

四念處是幫助我們修定以產生智慧的修行方法。透過禪定與智慧，我們能了知一切事物的真實相，並能體證自性本空，因此禪定與智慧可說是通往開悟的解脫之道。雖然修習四念處不是為了禪定，但當有了禪定，四念處真正的目標——智慧，就會隨之而來。

在修四念處之前，應先修習五停心做為準備工夫，因為要修好四念處，就必須先攝心，讓心安定下來。修習五停心能幫助我們去除妄念、止息內心喋喋不休的對話，讓心止於一境，因此可說是前方便。一旦得定了，就可以觀四念處，進而開發智慧。

五停心觀包括數息觀、不淨觀、慈悲觀、因緣觀，至於第五項，則視宗派而有界分別觀或念佛觀兩種修行方法。

當心中有煩惱或妄念紛飛時，很難安定下來，此時用第一種，也是最簡單的數息或觀呼吸法，非常有效。有的派別是從不淨觀開始，有的是修習慈悲觀，而因緣觀和界分別觀則比較不普遍。修行淨土法門的人以誦念阿彌陀佛名號的方法來達到相同的效果，其實持誦任何一尊佛號都可以，也有人是持誦觀音菩薩名號。這些都是安心的方法。

因為五停心觀不在三十七道品之中，因此我們不做詳細解說，只要知道它對修習四念處的重要性就可以了。如果修了五停心觀，心安定之後，便可以從身念處入手，開始修習四念處。

傳統的四念處是觀身不淨、觀受是苦、觀心無常、觀法無我的四種觀行方法，因此，修持四念處是直接對治我們內心時時生起的煩惱。

當我們處於順境時，通常會志得意滿，認為離苦並不難；當我們吃得好、睡得好，感到溫暖又舒適時，很容易就會以為身體一點也不苦；而當我們心情安定自在，生活中也沒有什麼憂慮時，就會認為不需要精勤修行就能保有心的自在。然而，我們無法預料何時會生病或受傷害，何時會發生什麼事情來擾亂我們的心，當這些事情發生時，我們很難不去理會，最後通常都會去看醫生治療身體的不適，或找心理醫生來紓解情緒上的困擾。

正確的修行方法，可以幫助我們在任何情況下都能感覺身心的自在。無論是用什麼方法，主要的原則都是教我們時時放鬆身心，如此就能大大地減少身體上的痛苦與心理上的負擔。

身念處

我們所有的問題皆來自於身、心、環境之間的互動與衝突，其中心是最重要的因素，因為它能感受身體並體驗環境。身、心、環境三者和合，形成了我們對自我的意識，因此會認為這是「我的身體」、「我的環境」。是誰有這些想法呢？是「我」，也就是自我的意識。你大可認為你的身體是「你」，但如果我問你：你的身體是不是環境？你大概會說不是。以一般人的認知來說，身體是「你」，而環境不是「你」。所以，當身體與環境產生對立時，受苦的誰？是「你」，有這樣的感受是很正常的。

有些人可能不覺得自己和身體有什麼衝突，但每個人都曾有身心不調的時候。這個時候，你的身體是你自己嗎？如果你的身體是你自己，而你的身、心竟然處於矛盾，那不是很奇怪嗎？從這一點即可推知，你的身體可能不是你自己。或許你會想：「當然，身、心有時難免會衝突，但我的心的確是我自己。」但是，你的心真的就是你自己嗎？難道你從來沒有前念與後念衝突的經驗？還有，你今天和昨天的想法、你的理性和感性之間，難道都沒有衝突過嗎？只有愚蠢的人才會說自己的念頭從來沒有矛盾過。

自我意識可大可小，當自我膨脹到很大時，不僅會認為身體是我，甚至也會把環境當作是我，結果迷惑混淆了，而想要控制我們的身體和環境。隨時隨地拖著身體，已經是個負擔了，更何況還要背負著環境，這負擔不是更大嗎？

我有一個弟子曾向我抱怨說：「師父！我的身分低微，沒有人要聽我說話，每當我需要幫忙時，他們也都不理我，我實在很苦惱。」

我就告訴他：「你的身分雖然低微，但自我卻膨脹得相當大，大到想要把環境納入自我，甚至想控制它。你真愚蠢，不了解自己的局限。」

因為我們把身體當作我，然後身體又和環境互動，所以很容易就會把環境當作是自我的一部分，於是就產生了煩惱。佛經裡曾提到，在所有引生煩惱的執著中，最難放下的便是對身體的執著。我們的內心產生煩惱，接著又將環境中發生的事，衍生出更多的煩惱。這也就是為什麼四念處第一個要觀的就是身體。

我們愛惜身體，期望身體是快樂的泉源，感官是歡娛的入口，雖然身體給予我們快樂與歡娛，也帶給我們問題，身體並不像我們認為的，總是那麼地珍貴或可愛。事實上，身體是不淨的，這不是指流汗或體臭之類的問題，而是說身體會給心帶來困擾。舉一些明顯的例子，像身體不適，或是疲憊、生病、飢餓的時候，都會引起痛苦。

最主要的是，身體會引起內心的煩惱，當身體與環境衝突，或是與這個世界有不平衡的現象時，內心就會產生煩惱。如果身體是清淨的，應該只會帶給我們喜悅和智慧，不過事實卻並非如此，可見我們的身體是不淨的。但是讓身體不清淨的，究竟還是我們的自我意識。因此，與其將身體視為歡娛的來源，倒不如用它來修行、廣結善緣，那麼這個身體就會變成智慧與功德之源，也就清淨了。

當我們投生入胎，我們的生理就處於不淨的狀態中。前幾天我去驗血，醫生提到我的血液中含有毒素時就說：「每個人的血液裡都含有毒素，沒有一個人的血液是完全沒有毒素、汙垢，不含廢棄物和元素的。」這位醫生雖然並不是佛教徒，但經過仔細地思考後，我完全同意他的說法，我們的色身的確是被各種不淨的物質所汙染。當身體的基本組合成分不淨時，就像血液，就會直接或間接地影響我們，讓我們受到病老之苦。因為我們無法接受苦的事實，無法面對苦的真相，心也受到汙染了。相反地，如果我們能觀照，了知到覺受往往會為我們帶來苦惱，那當我們享樂時就不會那麼興奮，遇到困難時也不會那麼沮喪了。這是因為我們已經有了認知，理解到「受」是苦，「生」也是苦，所以遭遇困難時不會起煩惱，而這就是智慧。如果我們能「觀受是苦」，就能得到智慧，從煩惱中解脫。

因此，重要的是要保持對身體和覺受的觀照，但要注意，觀照與執著是不同的。舉例來說，在禪期中，我們可以去接受、享受身體的舒適和輕安的覺受，卻不去執著它，或是希望能繼續享有這些覺受。這樣我們就可以清楚地知道自己所感受到的，又不會因此產生擔憂和煩惱。儘管我們知道身體是不清淨的，但還是要留意它；餓的時候吃、該洗澡的時候洗澡，而當生病的時候，就要服藥。我們需要好好照顧身體，這樣才能用它來修行。

受念處

當我們在觀照自己的覺受時，所感受到的痛苦會少些。例如，有人對你好，當下會覺得很快樂，但若擔心下一次這個人對自己是否還是一樣地好，馬上就變成痛苦，就這樣，原有美好幸福的感受很快就消失了。或者，如果有人侮辱你，激起心中憤恨，你也只是徒增痛苦罷了。如果我們能學著觀照自己的覺受和情感，便會發現它們僅是暫時的現象，因此能少受一點苦。

「樂」，可以說是一種因欲望滿足而生起的幸福感，與苦其實是密不可分。就佛教的宇宙觀來看，生死輪迴是在三界中，也就是欲界、色界、無色界，而凡夫所經驗到的樂，多半是屬於我們生活的欲界。欲界的樂基本上是來自感官的活動，也包括了心的活動，所以比色界、無色界天的樂還粗。

色界基本上是禪定天，其中的天人因體證到的禪定層次不同，體會的樂也有所不同。色界的樂比欲界的樂細微，因為此時感官的活動已經大幅減低。而無色界的樂是三界中最細微的，它本身已不是一種感受，而是近似於解脫的樂。說它「近似於」，是因為尚未從三界中解脫，儘管如此，它已經從身心的限制中解脫出來了。所以，隨著三界，樂可以從最粗的欲界樂、較高而細微的定樂，一直到最高最細微的無色界樂。

你們今天都在這裡用過午齋了。好吃嗎？餓的時候，什麼食物都好吃；不餓的時候，什麼都不好吃。飲食的樂大多只在於飲食的當下，是非常短暫的，幾個小時之後，又要再吃一次。還有聽好聽的音樂，原本是一件樂事，但一直反覆聽同樣的歌曲，還會樂嗎？或者是你正好想睡覺，可能會覺得音樂反而是個干擾。

現在來談談「觸受」。抓癢的感覺好極了，對不對？但是，這種樂能維持多久呢？如果你不適可而止仍繼續抓癢，那這短暫的樂反而會變成痛苦。所以，一切與我們感官所連結的樂，都是一時的、暫存的。

生命中有快樂嗎？也許有人會說當然有，例如對大部分的人來說，戀愛中就是最快樂的時光。通常一般人不了解，談戀愛其實也是滿苦的。我們想想看，那位有名的愛神邱比特用箭射穿戀人們的心的景象，不正說明了愛情本身也是苦的嗎？如果真的結婚了，夫妻或許會努力延續初戀時的感覺，但到後來往往反而會變成一種羈絆。

尋樂避苦是人本能的欲望，但是我們仍需要醫生、醫院、警察、法院、葬儀社等等。如果「生命現象」的本質不是苦的話，為什麼國家需要軍隊、國家之間要互相防備？又為什麼旅行時要過海關？沒有一個眾生可以逃避無常，這是很現實的。無常讓我們在生命中遭受苦難，然而無常與苦的本質是緊緊相扣的；有生就有苦，生命的存在就是苦的事實，愈去抗拒苦就愈痛苦。

儘管定樂又深又廣，但得到定樂的人依然是在無常之中。這種定力遲早會耗盡，又會退回到一般凡夫的境界，定樂也消失了。所以即使在定樂中，同樣離不開無常。

這些例子說明了什麼是「無常故苦」，但是，了解喜樂之中仍然普遍地存在著苦，並不是要我們變成悲觀、無望和自憐。相反地，若修行者可以深入觀照苦的本質，將更能面對與接受苦，並且逐漸從苦中解脫。所以，「觀受是苦」是一種既能讓我們離苦，又能讓我們產生智慧的修行方法。

心念處

第三念處是觀心無常。佛教心理學的「心」，有三個層面的意義：第一是識，是由於感官與外在環境互動所產生的覺知，譬如透過眼根，我們可以看見東西，透過耳根可以聽聞聲音等，這些心理現象都是屬於認知的了別識。第二是意，也是思量，不需要經過感官的覺受，像是思考與記憶；這種現象在睡眠中也會發生，因為心不需依賴感官照樣能做夢。第三是心，在意識的底層，就是使生命延續一世又一世、相繼不斷的；它不但連結過去世與現在世，也會延續至未來世。

關於「觀心無常」，第一層次的感官覺受是最粗的，而且最容易覺察到它的短暫。當修行有進步時，心的覺察就會愈來愈細微，便能觀照到第二層次。此時能夠觀照心的種種現象，不再受到感官影響。因為不受環境影響，心就能很敏銳地觀照到念頭瞬間變化的本質，是短暫的、虛幻的，也能清楚地觀照到念頭生生滅滅的心過程。第三個層次的心，是最細微的，同樣也是在禪坐當中發生。在這個層次，心甚至微細到能夠了知自己無量的過去世與未來世，也能清楚知道心是愈來愈清楚明朗。當我們親身體驗到心是念念相續而變化無常的時候，這就是智慧。智慧能讓我們從苦中解脫，而這也就是「觀心無常」的目的。

何以體會到心的無常就能得到解脫？為什麼那就是智慧？我們一般會認為這個心是「我的」，這個身體是「我的」，但理髮時，掉落在地面上的頭髮，那是「你」嗎？還有泡完澡後，留在浴缸中的汙垢，那是「你」嗎？你應該不會想承認，但它們確實是來自於你的身體！按照常理，我們不會認為那些東西是「我」，那麼，你到底是誰呢？有些人可能會認為「我的心就是我」，而這就是「觀心無常」的關鍵了。感覺心是「我」，是對自我的執著。把相續的念頭當成自己，是煩惱與痛苦的根源；例如當我們認同了心中驕傲的念頭，就會產生痛苦，或是把嫉妒與憤恨的感受當成自己，這種種心境都會帶來痛苦。

如果仔細檢視我們的念頭，就會發現，我們其實是把那些心的狀態視為有一個恆常存在的我，相信在驕傲、憤恨、嫉妒等情緒的背後有一個「我」。正因為這種持續性的自我含攝，產生了一種很微細的「心是我」的認定，所以才讓我們受苦。唯有真正了解並體會到心是不斷流轉變遷，只是映現無常的一面鏡子時，才不會再認為這川流不息的念頭是我，那時候苦也就中止了。

我們可能會認為：「這種修行實在遙不可及，是很高的境界。」其實不盡然。要達到這種境界並不需要進入甚深禪定，重要的是如何把這個觀念融入到我們的心念態度中，並能隨時隨地運用。假如在日常生活中，我們能夠留意念頭的形成與變化，習慣去觀察無常，就會逐漸減少諸如「我」或「我的」的念頭。當我們的正知見愈透徹，對於「無我」的體驗也就愈深廣。而實證無我的實相就是智慧，能讓我們離苦得解脫。

知道無常但不必因此而對生命感到憂慮，相反地，如果我們不止息煩惱、不如實觀照，無法生起智慧，那麼苦就會看起來那麼真實而且永恆存在。佛教徒修持「觀身不淨」與「觀心無常」並不會變得悲觀，反而會更主動積極地修行，以期斷除煩惱和得智慧。因為唯有如此，才能從苦中解脫出來。

修行就是在自利的同時，還要運用我們的色身來幫助他人。也就是說，要用心去觀照，去做自利利他的事，並存善念、善心，這也就是學佛修行。只有當我們以全部身心積極投入行善、成佛之時，才能體悟到無常、空與無我。然而在自己證得空性得到解脫的同時，還有其他眾生需要幫助、需要得解脫，此時我們就可以將全部的身心用來利益他人了。

法念處

第四項是法念處。佛教中的「法」有兩種涵義：第一種是指所有心理與物質的現象，第二種是指佛陀的教法；「觀法無我」的「法」是第一種，也就是「現象」。確切來說，不只是物質現象，還有心本身的現象，而這包括心理活動、心理過程，以及心念的對象。

佛教認為念頭是存在於心中的現象，在一些佛教典籍裡，我們可以看到非常詳細的說明。譬如在瑜伽或唯識學派的典籍中，廣泛地探討心法，把所有的心理狀態劃分成不同的「法」，包括事件、活動及對象，讓我們對「心」有一個全面的認識。另外，阿毘達磨的原典，對「法」也有非常詳細的說明。事實上，這兩類原典皆把世間一切現象分成許多種「法」，其中對「心法」有非常詳細的解說。法念處不僅是要我們覺察內心生起的種種「法」，還要了知它們是如何引發我們的煩惱。因為我們把「法」及其所衍生的煩惱執為是「我」，一旦了解所謂的「我」不過是來自這些負面的心理狀態時，那就是在修習「法念處」了。阿毘達磨和其他原典對於各種「法」都做了詳細的說明，為了讓大家可以簡單地了解，我就只說明「有漏法」與「無漏法」。

「無漏法」是解脫法，是指智慧的心，非緣起法，也就是實證「無我」的法。而「有漏法」是緣起法，包括色法與心法。它們是因緣所生的心理現象，會產生變化、敗壞，是短暫、不長久的。而諸法所生的「漏」，即是煩惱。

凡夫只能了解有漏法，因為那是世間存在的現象，也是我們思考、回憶和體驗事物的方式。所有我們經歷的事物都離不開衰敗、變化與無常的命運。正因為它們是緣起的，所以我們所經驗的每件事都是由有漏法構成的。

你可能看過有人這一分鐘還在笑，下一分鐘卻在哭，小孩子通常都是這樣，參加禪修活動的人也會這樣。有一次，我帶了一盒巧克力來到我要拜訪的人家裡，那家的小女孩很高興，以為巧克力是給她的。當我告訴她這是送給全家的，她就哭起來了。大人也會這樣嗎？會。

所以，哪一個心是你？是快樂的還是難過的？假如那個快樂的心是你，為什麼有時候你會難過？假如你是一個永恆不變的實體，而且是難過的，那為什麼有時候你又是快樂的呢？事實上，我們所謂的「我」，是不斷依據自己心裡的狀態而時時在改變，無論在哪裡，都找不到一個永恆不變的我。一般人只要檢視自心的運作，就可以很容易地發現，一切現象裡沒有一個永恆不變的「我」。透過「心念處」，我們可以了解心的運作，從檢視自己日常的生活中，可以了解所有的「法」都是緣起、幻滅的，並沒有一個固定、永恆的本體，這就是諸法無我的意義了。但更重要的，還是要將對四念處的領會融入到自己的日常生活中。

問：觀無常時，要用理解力還是覺照力？

答：真正要了解無常並不是靠理解，而是要體驗的。「無常」不是某個可以拿來思考的東西，而是需要去實證的。如果想用理智來了解無常，可能還沒生起半點真實智慧就已經累垮了，因為它是要親身體驗的。例如，在痛的當下，你知道痛、體驗到痛，這與腦子中想著：「好！痛是無常，總會過去的。」並不一樣。這是一個從痛的過程中，去體驗、了知痛的無常，而不是腦子想著：「痛會過去的！」也就是說，你是用你整個身心、生命去了解當下所經驗到的事實，根本就是無常的。

大乘觀空的方法

修持四念處可以培養我們對身體、覺受、心念及一切現象的覺照。當我們明瞭這種種因素都是無常的，都是因緣和合產生的，便明白一切事物都沒有恆常的自性，而我們的智慧也因此增長了。

與這四種觀法知見相反的是四種顛倒見：身體為愛、覺受為樂、心念為「我」，以及現象為實。這四種顛倒會障礙解脫，但修習四念處可以幫助我們減少煩惱，增長智慧，因而能夠修正這些顛倒見。當我們了解身體其實是不清淨的，就不會執著愛戀它；當我們了解感官的樂終究只會帶來苦，就不會欲望填胸；當我們了解心只是一連串流逝的念頭，就不會將「我」看作恆常實有；當我們了解所有的現象都是無我的，就不會那麼患得患失了。

在大乘佛法的修行上，四念處觀慧的修法是直接觀空。這是源自於《大般涅槃經》的思想，透過觀身是空，觀受、心、法是空，就可以證得智慧，乍看之下好像很容易，但除非精進修持四正勤（見第二部分），否則是很困難的。

要怎麼直接觀空呢？對於身體，要了解身體的本質與色相本來就是空的，是無常的、因緣所生的，若真能如此看待，智慧就產生了。覺受是感官與感官的對象接觸時產生的，否則不可能有覺受。如此可知覺受並非存在於體內，因為體內只有感覺器官；而覺受也不在體外，因為體外只有感官對象。那我們可以說覺受是存在於感官與其對象的中間嗎？這是講不通的。當我們了解到覺受不在內、不在外，也不在中間時，就可直接照見它們都是空的，進而產生了智慧。

這聽起來好像是一種思辯，但這也正說明了萬法因緣生的道理。覺受是因感覺器官與感官對象接觸而產生，沒有這因緣的和合，不可能有覺受。所以，如果可以直接觀照到因緣的生起及其產生現象的過程，那就見到空性了。

現在我們來看心的觀照。我們常用貪、瞋、樂、妒、疑等字眼來描述念頭和情緒，但這些只是名詞而已，並非心相真正的本質。如果心是不斷遷流的，怎麼可能用含有固定意義的名相來描述它？假如心有恆常的實體，我們怎麼會此時快樂而下一刻難過？或是此時難過下一刻又快樂呢？假如情緒是真實的，我們又怎麼會一下子喜愛某事物，一下子又不喜歡了呢？正因為心一直在動，我們不能用任何名相來描述它，並說「這個」就是心。所以第三種觀心無常的方法就是要明瞭，雖然我們用各種名相來描述不同的念頭與情緒，但這些名相並非心本身。

那麼如何觀法是空呢？臺灣有位禪師在開示萬法皆空後，有一位居士拿著一個裝得滿滿的大紅包上前供養。這個時候，聽眾裡有一位禪師突然起身，一把抓走了紅包。開示的禪師一臉錯愕地說：「這可是給我的供養哩！」那位禪師回說：「你剛才說萬法皆空；那錢財是空的、你是空的，我也是空的，誰得到這紅包又有什麼差別呢？」隨後他把紅包還給開示的禪師說：「紅包當然是你的！我要表達的是，我們在談空，但要如何才能真正去觀空？如何才能真的體證到萬法皆空呢？」

要把錢財、愛情、人際關係等事物看成空的，可不容易。你有辦法把自己的配偶、男女朋友想像成空的嗎？要練習將事物觀成空的，必須先精進地修習觀行，並且時時提醒自己放下貪戀，不執著於愛、情感、錢財等事物。要提醒自己，萬事萬物畢竟是空的。

我在日本讀書的時候，有一位年輕學者發表了一篇有關「空」的論文，十分出色。會後一起用午餐時，大家都稱讚他講得很好，就說食物反正也是空的，便不准他吃飯。他說：「好吧！那我問你們，當空遇上空時，是否還是空的？」我們回答

是，然後他說：「好，把空的食物放進我空的胃裡，那不是剛剛好嗎？」大家都點頭稱是，於是便讓他吃了午餐。（笑）

這種直觀的方法聽起來很容易嗎？可以不用四念處，看到現象直接就說，「啊！這是空的，那是空的」嗎？不行，沒那麼容易。我們需要精進努力修行，才有辦法達到那樣的境界。而那正是三十七道品的下一項內容——四正勤，要討論的課題了。

編案：法師另有〈四念處〉與〈日常生活中的四念處觀〉二文收錄於《禪的世界》一書，可供參考。

貳、四正勤講記

前言

四正勤就是四種在修行時一定要具備的態度，如果不具備這四種態度，就容易懈怠，修行是不容易成功的；不論是修出世的解脫道，或修利益眾生的菩薩道，都會相當地困難。接下來便以七個小題來介紹四正勤。

四正勤是三十七道品的內容之一

三十七道品是基本的佛法，是通達涅槃道路的三十七種資糧。《維摩經・佛國品》云「三十七道品是菩薩淨土」、「精進是菩薩淨土」，《自誓三昧經》亦云「三十七品具足佛事」。

三十七菩提分法共分七類：四念處、四正勤、四如意足、五根、五力、七覺支、八正道。要想完成三十七道品，必須從四念處開始，然後經過四正勤，依此類推，一個段落一個段落地完成之後，才能夠得解脫道而證涅槃。

三十七道品的基礎是戒、定、慧三無漏學。不論是修持戒、修禪定或修智慧，如果沒有四正勤這四種條件，那是無法完成的。四正勤是由四念處而來，而四念處的修行又是從五停心而來，這是從修定而修智慧。如果修五停心觀，那是修「止」，「止」的功能最多是能夠入定，無法產生智慧，但是經過五停心觀，再修四念處，就能生智慧而得解脫。

沒有智慧而只有禪定，或是沒有智慧而只有持戒，都不能得解脫、得涅槃。如何才能有智慧呢？必須修四念處，那是一種「觀」的方法。過去我曾經講過四念處，相關文章諸位可以參考一下。

一、小乘的四念處觀

四念處分小乘與大乘兩類。現在先來介紹小乘的四念處觀。四念處在小乘是修觀慧，次第觀身、受、心、法。

（一）**觀身不淨**：人們都很喜愛、很執著自己的身體，但是身體其實是不淨的。

（二）**觀受是苦**：一般人總是在追求自己感官的享受，事實上，所有的覺受沒有一樣能帶來真正的快樂。

（三）**觀心無常**：人們都認為自己的心是永遠的，其實心是無常的，它的念頭不斷、不斷地在變。

（四）**觀法無我**：法是指一切所有的現象，如果把法當成我以及我的，這便是顛倒。

一般人以不淨為淨、以苦為樂、以無常為常、以無我為我。因為有這四種顛倒，所以有煩惱；因為有煩惱，才無法得解脫。為了要除煩惱、得解脫，必須要有智慧。修了四念處後，知道身體是不淨的，就不會那麼執著；知道所接受的是苦，就不會那麼貪戀；知道心是無常的，就不會把自己所追求的當成是永遠的；知道一切的法、一切的現象都是無我的，就不會那麼在乎臧否得失。如果能用四念處觀，將四種顛倒轉變過來，就能開智慧，得解脫、得涅槃。

二、大乘的四念處觀

大乘以四念處修空慧，其觀空的方法是：

（一）觀身，性相同於虛空：觀身體的本性和身體的形象，跟虛空完全相同，當下觀空，當下就得智慧。

（二）觀受，不在內外，不住中間：受就是身體跟外在環境的接觸，也就是身體的五根與外在環境的五塵相接觸時，所產生的種種感受。這些感受既不在內也不在外，同時也不在中間。意思是說，身體之內是五根，身體之外是五塵，因此覺受既不在身體之內，也不在身體之外，但也不是在中間。

事實上，如果僅僅是五根，是不可能有受的，一定要有五塵；如果只有五塵，也不可能有受的，必須要有五根。當五根與五塵接觸時，中間產生了受；然而中間是空的，又如何能產生受呢？因此，受不在內、不在外、不在中間，當下就是空。

這聽起來似乎是一種詭辯，其實是一種因緣觀，因緣和合才有五根與五塵的接觸，才會有受。因此，受並不是真的存在，只是因緣產生的。所以觀因緣，當下就能觀空，就是智慧。

（三）觀心，但有名字，名字性離：所有形容心的名詞，其實都跟心的本質是沒有關係的。也就是說，所有心的活動現象，喜歡的或不喜歡的，包括貪、瞋、嫉妒、懷疑、憂慮、滿足、喜悅等，這都只是人們所賦予的一個名詞，實際上跟心的本身並沒有關係。因為如果真的有一個東西叫作「心」，它應該是不變的，不會現在我喜歡，等一下又不喜歡；現在我愛，過了不久又變成了恨。所以說，心其實不過是一個假名。

更進一步說，凡是有心，都是煩惱心，跟煩惱相應的，都是壞心；因此，真正的好心是無心。如果能夠當下觀心，知道真正的心是無心，那就是智慧，就不會有煩惱而得解脫了。

（四）觀法，不得善法，不得不善法：心法是心的活動，色法是心外一切生理和物質的現象。既然心法是假的名字，色法如虛空，哪還有什麼善與不善呢？無非只是在形容你的心。既是無心，此時看一切法，無善無不善，當下就是空，就是智慧。如果還有善、惡的分別，都稱不上是智慧。

修大乘的四念處，不論遇到什麼都說它是空的，看起來似乎很容易，真正遇到考驗，恐怕就不是那麼容易了。

曾經有一位老師在上佛學課程時談到「空」，並教大家觀空，才能有智慧。課後有人拿了一份鐘點費給他，一旁的人突然一把搶走，上課的老師急著說：「嘿！豈有此理，錢是人家給我的，你怎麼拿走了？」那人說：「既然我是空的，錢自然也是空的，什麼都是空的，那你還要它做什麼？」老師說：「什麼都是空的，不過錢是我的，沒有空，所以我還是要。」那人一邊將錢還給他，一邊說：「我只是跟你開個玩笑。看起來，什麼都是空，只有錢是不空的！」

事實上，什麼都可以空，但是對金錢與愛情，要做到空是很不容易的。因此，當擁有的時候，不要執著，不要貪心，要知道那是空的，這才是智慧。

我在日本讀書的時候，有一位學者發表論文談「空」，會後我們一起吃飯時，大家說：「你講空講得真好，你既然是研究空的，那你今天中午不准吃飯，反正都是空的。」這位年輕學者回答得很妙，他說：「一切都是空，現在我的胃是空的，食物也是空的，把空放到空之中，還是等於空啊！」

四正勤的異名

四正勤一共有四個名字：四正勤、四意斷、四正斷、四正勝。一般的經典都稱為「四正勤」，其餘三種用得較少。

（一）**四正勤**：就是四種正確的勤勞和精進。在修四念處觀的時候，必須要去除懈怠心，離開五種煩惱心。五種煩惱又稱為「五蓋」，那就是貪欲、瞋恚、睡眠、掉悔、疑，要如何去除呢？就是要用四正勤；因為修行禪觀法、禪定法時，必須以精進心來離懈怠、五蓋，否則懈怠一產生，五蓋馬上出現，禪觀就不會成功。

（二）**四意斷**：《增一阿含經》卷十八共有十經，都在敘述四意斷，例如第二經云：「諸善三十七道品之法，無放逸之法最為第一，無放逸比丘修四意斷，於是比丘，未生弊惡法，求方便令不生，心不遠離恆欲令滅。已生弊惡法，求方便令不生，心不遠離恆欲令滅。未生善法，求方便令生。已生善法，重令增多，終不忘失。具足修行心意不忘。如是諸比丘修四意斷，如是諸比丘當作是學。」

所謂意斷，就是所有的煩惱心都是從意識產生活動，要把意識跟種種煩惱相應的活動全部斷除，必須要用四種方法，這叫作四意斷。

還有在修四念處的時候，自己的心不能休息，也不能忘掉自己是在修行，必須不斷、不斷地知道自己是在修行，用這種方法來斷除煩惱，也叫作意斷。

（三）四正斷：《俱舍論》卷二十五云：「何故說勤名為正斷？於正修習斷修位中，此勤力能斷懈怠故。」主要是以四種正確的方法，來斷除懈怠心和放逸心。

（四）四正勝：或名正勝，《俱舍論》卷二十五云：「於正持策身語意中，此最勝故。」用修善斷惡的四種正確方法，來策進、勉勵我們的身、口、意三業。

四正勤的這四種名稱，從不同的角度來講，也可以說它有四種不同的功能。《法界次第初門》卷中之下云「一心勤精進」，修此四法，故名四正勤。修此四法，另有三名：能斷懈怠故名四正斷；於正策勵，身語意業，此為最勝，故名四正勝；於意中決定，此四斷行，故名四意斷。

善法與惡法

四正勤只有四句話：「已生惡法為除斷，未生惡法不令生，未生善法為生，已生善法為增長。」

修行佛法，就是斷惡而生善。斷惡分成兩項，生善也分成兩項，加起來就是四正勤。那麼，善法是什麼？惡法又是什麼？有必要先加以說明。

一、十善法與十不善法

所謂善法，就是十善法、十種善法、十善業道；惡法，就是十不善法、十種不善法、十不善業道。修十善業道是普通人的道德標準，也是解脫道及菩薩道的基礎；解脫道是小乘的阿羅漢，大乘則是成佛的菩薩道。

十善分成身、口、意三類，就是身體的行為、語言的行為、心理的行為。身體的行為有不殺生、不偷盜、不邪淫三種；語言的行為有不妄語、不綺語、不兩舌、不惡口四種；心理的行為有不貪欲、不瞋恚、不愚癡三種。十善法的相反，就是十不善法。

二、心的善與不善

一般人認為只要沒有犯法、坐牢，這就是善；坐過牢、犯過法的就是不善。其實，如果吏治不清明，做了好事的人也有可能坐牢，做了壞事喪盡天良的人，卻未必坐牢。因此，好與壞是不能以坐牢與否來做為標準。

又，一個小偷或是強盜，只搶了一百元或一千元，就算犯法要坐牢；可是，有人搶了半個或是整個國家，反而可以稱王、做總統。也有殺了一、二個人，可能會被判死刑；然而，有人殺了許多人甚至數萬人以上，反而當了國王、大總統，甚至民族英雄。因此，一般人所講的善與不善，是有問題的。

如果以十善與十不善的標準，便可以看出什麼是真的善與不善。因為佛法除了語言、身體的行為之外，特別重視心理的行為。一般人只知道身體行為、語言行為的好與壞，但是，意念行為的好與壞卻不容易判斷。

心的善與不善又可分為兩個層次：

（一）日常生活中：根據印度天親菩薩在《百法明門論》中指出善法有十一個：信、精進、慚、愧、無貪、無瞋、無癡、輕安、不放逸、行捨、不害。不善法則包括：根本煩惱六個：貪、瞋、慢、無明、疑、不正見；隨煩惱二十個：忿、恨、惱、覆、誑、諂、憍、害、嫉、慳、無慚、無愧、不信、懈怠、放逸、昏沉、掉舉、失念、不正知、散亂。

（二）修禪定中：《百法明門論》的二十個隨煩惱中，有八個是與修定相違背，那就是：不信、懈怠、放逸、昏沉、掉舉、失念、不正知、散亂。由於有了以上這幾個原因，所以修定不成功。其實，在剛開始修定時，每個人都會出現這八種現象，必須一樣一樣去克服它。

許多參加禪七的人，前幾天都是在這種狀況下度過，漸漸地心比較輕鬆安定之後，掉舉或昏沉的情形才會減少。因為在輕鬆安定之後，對自己會產生信心，比較不會懈怠、放逸，並且有了正確的觀念，知道打坐是為了求得身心的安定和煩惱的解除。當一個人的心能夠安定之後，就會比較清楚自己心念的活動，許多心念微細的狀況出現，就知道這是好的還是不好的；不好的去除，好的繼續成長，這就是四正勤。

三、以善止惡即是修行

一般人多半不清楚什麼是善與不善，什麼是好的心與不好的心。有一次有位先生告訴我，他什麼宗教都不信，他只知道宗教是教人做好事、存好心。

我問他說：「沒有錯，那你有沒有宗教信仰呢？」

他說：「像我這樣的人，還要什麼宗教信仰？我既不做壞事，也不存壞心，只有像你們這樣的人，因為常常做壞事、存壞心，才會有罪惡感，所以要信宗教。」

然後我又問他：「你真的是一個好人嗎？真的是一位好心的人嗎？我才不相信像你這樣的人會是個好心的人！」

他馬上火冒三丈：「你怎麼能證明我不是好心的人？你說，我做了什麼壞事？」

我說：「你現在就不是個好心的人，因為你的心在生氣，對不對？」

結果他更生氣：「我本來沒有生氣，是你讓我生氣的！」許多人認為生氣不是壞事、不是壞心，是別人讓他生氣，而不是他自己要生氣的。其實，人們經常都是在煩惱、痛苦之中掙扎，卻還不知道自己的心有問題。貪心求不得就變成瞋，如果得到了又希望貪得更多一些；與人相比，比不過人就會嫉妒，比人稍強一些就會驕傲；自己得不到而他人得到時，就認為這個世界不公平，於是產生憤怒。這種種狀況，經常在我們的身上發生，這究竟是好心呢？還是壞心？

從佛法的修行立場來看，這都是煩惱、痛苦的心。佛法希望人們能從痛苦轉成快樂的，從煩惱轉成有智慧的，從瞋恨怨恨轉成慈悲的，從貪取轉成布施的。以善來對治不善，以善來糾正不善，這就是修行，如此，才能夠使我們的心真正地清淨，真正地安定。

四正勤的內容

如前所說，如果沒有禪定的基礎，是不容易發現自己的心是善或不善，是清淨或不清淨。修了禪定之後，心較為寧靜、安定，比較清楚自己的心，隨時隨地可以糾正。因此，修行佛法，禪定是一個基本的工夫。

《大智度論》卷十九云：「破邪法，正道中行故，名正勤。」又云：「四念處觀時，若有懈怠心、五蓋等諸煩惱覆心；離五種信等善根時，不善法若已生為斷故，未生不令生故；勤精進，信等善根未生為生故，已生為增長故，勤精進。」

四念處在前面已介紹過，是修禪定的一種方法，也是能夠產生智慧的一種修行方法。《大智度論》便指出，在修四念處時，沒有四正勤，就會有懈怠心；有了懈怠心，種種的障礙就會出現。這些障礙會產生五蓋，而離五種善根；也就是說，五蓋是不善，五種善根就是善，由於五種不善的現象，會使得另外五種善的現象不能產生。

一、五蓋

所謂五蓋就是貪欲、瞋恚、睡眠、掉悔、疑等五種，能蓋覆行者清淨心，令善不得開發。下面分別介紹這五種蓋：

（一）貪欲：多數的人貪錢、貪名、貪吃、貪男女的愛，貪的東西很多。凡是跟自己的身體、生活有關時，不論是有形的或無形的，大家都很喜歡去追求。

在修禪定時貪的又是什麼呢？那就不是一般人所貪的那些東西了。貪的是自己想像中的禪：「打坐可以讓我得到什麼？聽說禪會開悟，怎麼還沒開悟呢？什麼時候開悟啊？」還有：「禪可以得神通，我什麼時候能夠得神通？神通究竟會怎麼樣？」或是：「嗯！禪能使人將身體忘掉，身心會統一，身心統一究竟是什麼？我怎麼還沒得到呢？」……諸如此類，都是在打坐時貪著的東西，而不斷在等待、期待、追求。

另外一種情況是在打坐時，身體感覺軟軟、輕輕的，心裡也好像很安定，這時的感覺真好、真舒服，一坐就坐一、二個小時，甚至坐了一天，坐在那裡很快樂。但是，這不能入定，也不能得智慧，為什麼呢？因為在貪，因為不能捨。

（二）瞋恚：當所貪求的目的達不成，或是很喜歡、很執著的那種舒適狀況突然消失；也就是想追求的沒有追求到，已經得到的又失去了，這時候就會產生另外一種念頭和心理狀況，那就是瞋怨、悔恨、討厭。

（三）睡眠：瞋恨心一產生，心頭就會浮動，使得身體發熱、頭腦發脹，坐在蒲團上如同坐在火山上，非常痛苦；想站起來又覺得應該繼續打坐，於是坐在那裡跟自己戰爭、掙扎、痛苦，煩惱不已。掙扎了一段時間後，由於體力消耗太多，於是感到累了、疲倦了，接著就會打瞌睡。

（四）掉悔：睡眠之後，體力恢復後，繼續打坐，貪、瞋又再度交互出現。因此，疲倦時想睡，恢復體力後又跟自己掙扎，心緒念頭不斷地上下上下，這就是掉悔。

（五）疑：在掉悔狀況下，開始產生懷疑，懷疑師父教的方法有問題，懷疑自己身體的狀況、體質不適合打坐，可能就會放棄禪修。

以上所講的五蓋，就是把善根蓋住，把能夠開智慧、除煩惱的善門關起來，把慈悲與智慧的門掩蓋住了。

諸位在修行時，如果遇到這五種心的蓋，就知道這些狀況的發生其實都是正常的，只要持續精進，這五種蓋子是蓋不住你的。也就是當五蓋出現時，要不斷、不斷地回到四念處的方法上，五蓋自然就會離開，這就是四正勤所說的「已生之惡令斷除，未生之惡令不生」。

二、五種善根

沒有五蓋，修四念處就會產生五種善根：

（一）**信根**：確信三寶四諦。

（二）**精進根**：又名勤根，勇猛修行善法。

（三）**念根**：憶念正法。

（四）**定根**：心止一境，令不散失。

（五）**慧根**：思惟真理。

此五法為能生其他一切善法之本，故名五根。

修行四念處，是由定而產生智慧；但是僅僅入定，不一定就有智慧，也不能得解脫。因此，必須經過信、精進、念、定、慧這五個過程，精進地修行，始能達到煩惱脫落，智慧出現的目的。

五種善根的第一項就是信根，信的種類有三種：

（一）**仰信**：許多人聽到別人說信佛有很多好處，值得去信，所以也跟著去信，這是從善如流，也可能是迷信。大部分中國人都是因為家中的父母輩或配偶信佛教，所以跟著信，但是不清楚為什麼要信。

有一次，我問一位先生怎麼會信佛教，他說：「唉！本來我沒有要信，可是我太太跟我結婚時立了一個條件，如果我不信佛教，她就不嫁給我，沒有辦法，我只有信了。」像這樣開始信仰的人很多，不過這也不壞，一開始是盲信，最後也有可能變成真正的佛教徒。

（二）**解信**：對於佛教的理論、觀念已全然了解，並認為其中所講的道理，正是他所需要的一種宗教。知識分子以及西方人的佛教徒，多半是這種信仰。

（三）**證信**：根據自己的體驗、經驗信了佛教，並且照著方法、觀念去做、去練習，對自己的身心有幫助，對自己的生活以及家人都有幫助，感覺到這真是有用的一種宗教，因此產生了信仰。這種信，就是五善根裡的信根，又叫善根發或發善根。

有了信根、精進根之後，就會有念根，念根就是心不會忘掉自己要修行。譬如有很多人皈依之後，就不再親近道場修行，這就是念根沒有了。有念根的人一定會說：「我現在皈依了，佛法對我們一定是有用的，我要繼續地學習，繼續地練習！」這就是念。能夠這樣持之以恆，就能入定，就能產生智慧。

修行四正勤在大小乘的重要性

四正勤不論在大乘和小乘，都是修行方法中非常重要的一個項目。修行善法，才能把善的基本和善的根，在心裡生起。善根雖然是本有的，但若未聽聞佛法，也未修行，善根不會生起；聽聞佛法，善根種子才會發芽，依著這個善的種子去修行，善根便會不斷持續往下深生。如同種子在剛開始生長時，它的根是往下延伸的，根發展得愈快，上面的枝葉就長得愈茂盛；沒有根的東西是長不大的，甚至很快就會枯萎。因此，要增長善根，必須要聞法修行。

諸位來聽聞佛法，就是在使得善根種子接受灌溉，然後種子才會發芽、生根，如此便能使人格健全成長，精神層面提昇，信成就、戒定慧成就，這就是善根成就。

佛法將眾生分為三等：

（一）凡夫：聽了佛法，懂得佛法，但是沒有修行或是修行尚未得力。

（二）**賢人**：聽了佛法，修行已經得力，善根生起，信心堅定，其人格已在轉變中，精神面已提昇，但有時仍會有煩惱現行。

（三）**聖人**：初地以上的菩薩，已經斷了部分的煩惱，從此以後，不會再麻煩自己，困擾他人；煩惱雖然沒有完全斷盡，但是不會再現行。

因此，不論是大乘、小乘，一定要用四正勤精進地修習佛法，就可以從普通的凡夫生起善根，變成賢人、聖人。

一般人認為修行就是打坐，只要坐在那裡就算是在修行。事實上，打坐只是修行方法的一種，還有禮佛、拜佛、念佛、誦經、抄經以及背經等。只要不斷地將心放在正知見的熏習以及正法的實踐上，都算是在修行。

修行在佛經中有幾個譬喻：

（一）**如母憶子**：修行就像母親不管到哪裡，都會不斷地思念她的孩子。

（二）**如雞孵卵**：修行就像母雞在孵小雞時，牠不會讓雞蛋冷了之後再去孵，必須不斷地去孵蛋。

（三）**如兒念母**：修行就像嬰兒一樣，肚子餓了，不斷地要找母親餵奶。

（四）**如水滴穿石**：細水長流，持續不間斷。以這四種情況來比喻修行時的心態，修任何法門，以這種精進的態度，一定會發起善根。

以下略舉幾部論典，說明四正勤的修行在大、小乘法中的重要性及其關係：

（一）小乘的《俱舍論》一共有七十五法，其中有十個大善地法：信、勤、行捨、慚、愧、無貪、無瞋、不害、輕安、不放逸。此十法與一切善法相應，故名大善地法。善之中的第一個是信，第二個就是四正勤的勤。也就是說，首先要信，相信之後才能接受它，接受之後才會修行練習。「勤」就是修行善法，於心勇猛之作用，不斷地練習之後，漸漸會產生善根。因此四正勤在《俱舍論》中是最基本的兩個修行條件之一。

（二）大乘的《百法明門論》一共有一百法，善心所共十一個：信、精進、慚、愧、無貪、無瞋、無癡、輕安、不放逸、行捨、不害。其中的第二項「精進」即為四正勤，就是勇猛修善法、斷惡法之心的作用。

（三）《成唯識論》卷六云：「勤謂精進，於善惡品修斷事中，勇悍為性，對治懈怠，滿善為業。」

以上三部論著，都相當重視「勤」，也就是精進用功修行，使善法增長，惡法斷除的一種力量。有了「勤」，就會勇敢又非常強悍，用它來對治懈怠、放逸，就不會退縮、畏懼，不會遇到阻礙就放棄。因此，要有勇敢而強悍的心，才能使得善根、善業持續不斷圓滿完成。

精進的種類

精進就是四正勤，在論典中提到的有：

（一）《大智度論》卷八十提到有兩種精進：「身精進者，如法致財，以用布施等。心精進者，慳貪等諸惡心來破六波羅蜜者不令得入。」

（二）《成唯識論》卷九提到有三種精進：

1. 被甲精進——菩薩被大誓心甲，不怖種種難行，如《法華經．從地涌出品》云：「被精進鎧，發堅固意。」發了大願心之後就如同身上披著盔甲，勇敢強悍，遇到任何危險的敵人，都不會受到傷害，也不會恐怖、退縮、逃避。

2. 攝善精進——菩薩勤修善法而不疲厭，修六度萬行，不會遇到困難就退縮。六度就是布施、持戒、忍辱、精進、禪定、智慧，努力於布施等前面的四個項目之後，就能完成禪定，出現智慧。

大乘菩薩的禪定，並不是坐在那裡身體不動，而是在日常生活之中，在眾生的社會環境之中，不受汙染與影響，反而能使整個社會環境因此而安定、和平。

所謂智慧，是超越自我以及所有是非好壞的執著，超越於主觀及客觀，以此處理所有的人、事、物，呈現的就是純智慧的一種判斷力和抉擇。

許多人認為修行很容易，希望一下子就能得禪定，很快就能有智慧。當禪定、智慧得不到時，馬上就會疲倦、起退心，這就是修善法不夠精進，不懂得用四正勤的道理。

3. 利樂精進——勸化眾生，永不疲厭。以精進的慈悲心對眾生奉獻，幫助、救濟眾生。大多數人從事於社會工作幾年之後，就會覺得疲倦，不容易維持。但是做為一個菩薩，為了一個眾生，可以多生多劫護持著，使其得度，助其成佛。而在幫助眾生的過程中，成長最快的是自己，這就是「利人便是利己」，以利他來做為自利的修行方法。

度眾生並非一定要有多大的能力、學問或財富，只要有精進心願意奉獻，就有機會幫助他人。我經常鼓勵信眾們，能在一星期或一個月之中，抽出一些時間到寺院來做義工，做義工就是幫助我們一起做弘揚佛法的工作，就是在利樂眾生。也許有人實在沒有時間，也懂得不多，聽我這麼一說，就不好意思再來了。如果真的條件因緣不許可，那也沒關係，只要發個願說：「我現在只能來聽經，沒有空做義工，但是我將來有空時一定來！」這也算是發心護持道場，自利利人了。事實上，做義工也要有精進心，沒有精進心，就不會有時間；沒有精進心，也不會持續下去。

（三）〈七佛通誡偈〉的：「諸惡莫作，眾善奉行，自淨其意，是諸佛教。」為基礎，直至菩薩的三聚淨戒：「斷一切惡，修一切善，饒益一切有情。」都必須精進。又如大乘六度及十度中，精進波羅蜜乃極重要。故在一切大、小乘善法中，若無精進，則不得成就。

佛教基本三經皆重視精進行

在三部佛教基礎經典中，都有講到關於精進、四正勤的重要。

一、《八大人覺經》

《八大人覺經》的第四覺知云：「懈怠墜落，常行精進，破煩惱惡，摧伏四魔，出陰界獄。」意思是說，只要懈怠的人，就會墮落。如何糾正改善呢？就要經常以精進心來修行。

所謂墜落，就是從善法而墮落至不善法。譬如本來是要修行禪定的，結果因為懈怠，禪定不修了，反而變得心非常紊亂，情緒非常波動，意志力非常消沉，這不是墮落了嗎？所以只要不精進，就是懈怠，懈怠就是墮落。

但是，請諸位不要誤解佛經中講的精進，將四正勤的「勤」當成是拚命。精進不是拚命，而是持續地不放棄、不中斷。

持續不斷也有兩層意思：

（一）正在用方法時，不離開方法，不斷、不斷地將心拉回到正念的方法上，這就是「勤」。如果修行一段時間，對方法沒興趣就不修了，或是方法換來換去，這也是不精進。

（二）在完成一項工作的過程中，一樣要睡覺、吃飯、休息，但是要持續不斷地一直將工作全部做完，不做完絕不放棄，這也是「勤」。

四正勤是已經做的壞事不要再做，要開始斷；還沒有做的壞事，不要開始；應該修的善法還沒有修，要趕快修；已經在修的，要修得更好。因此，修學佛法需要四正勤，即使是平常的人，也需要用這種態度來斷惡修善。

通常我們都認為自己沒做過什麼壞事，事實上，每個人從生下來開始，多多少少都帶著一些不好的習性；知道有不好的習氣願意去改，願意一次一次地去糾正它，這就是精進。但是，也有人不知道，或不承認自己的習性是不好的。

我認識一位女士，她講話的音量很大，即使只對一、二個人談話，也是很大聲，在群眾中，聲音當然更大，只要她講話，別人的聲音都聽不見了。我問她說：

「有沒有人說過你的聲音太大了？」她不承認地說：「有呀！但是這個聲音是我媽媽生的。別人也可以大聲，這是他們的問題，不是我的問題！」像這樣的人，認為自己沒有問題，可是與人相處時，卻使得別人不舒服。

另外一個例子是，我們的團體曾經登廣告，徵求一位工作者，有位先生來應徵，我看了他的履歷表，幾乎平均每兩個月就換一次工作，我問他說：「你怎麼常常換工作呢？」他回答說：「這是個吃人的社會，不論我走到哪裡，都會有人欺負我！」我反問他：「那你怎麼敢到我們這裡來呢？說不定你還沒有熟悉情況，兩個月又要走了。」他說：「沒有問題，外面是吃人的，而你們這裡是慈悲的，所以我選擇到這裡來工作。」

我看他的資歷不錯，人也很努力，所以跟他說：「這樣好了，我希望你能了解自己的狀況，為什麼會常常換工作。這裡也是普通人的地方，凡是外邊有的問題這裡也有，不過，我們是講慈悲的，會告訴你有些什麼問題。現在給你兩個月的時間試試看，能不能改變一下，試得好你就可以留下來。」兩個月後，我們並沒有開除他，結果是他感到我們這個團體也是吃人的，而自動離開了。

這樣的人實在非常辛苦，也非常可憐，臨走前我勸他說：「世界上並沒有吃人的地方，而是你自己在吃人啊！因為自己的心、自己的觀念、自己的習氣沒有調整，所以看到的世界都是可怕的。但是，世界上每個人真的是那麼可怕嗎？這可能是你自己有問題。這是我對你的勸告，希望你能改善。」

所以，所謂好與不好有兩種狀況：

（一）自己感到很麻煩、不舒服，受了損失。

（二）自己沒有覺得麻煩、損失，但是令其他跟你生活在一起的人感到不舒服。

二、《四十二章經》

《四十二章經》一共有四十二段，其中有四段講的就是精進：

（一）第一章云：「常行二百五十戒，為四真道，行進志清淨，成阿羅漢。」

這裡持的戒是對比丘而講，比丘要持戒清淨，並且以精進心不斷地修四聖諦，才能成為阿羅漢。證阿羅漢果，有的人很快，有的人卻很慢；如果精進的人，在一生之間就能證得阿羅漢果，不精進的人是沒有希望的；不精進就是沒有持續地修行。

所謂修行，就是照顧自己的心，使自己的行為不懈怠、不放逸。這種修行，似乎是只對出家人而言，那麼，在家人是不是也可以精進呢？

在家人不住在寺院內，但也可以在日常生活中養成一種習慣，這種習慣就是隨時注意自己應該要做什麼？不可以做什麼？必須做什麼？並且用一點時間來幫助自己，使得自己的身心平靜、安定。譬如說，早晨起來梳洗過後，可以打坐、拜佛、誦經，每天養成習慣。在一天二十四小時內，則不要讓邪惡、負面的念頭出現；當不好的念頭出現時，馬上跟自己說：「真是不好意思，一定要改。至少我要讓它出現得少一些。」當邪惡的念頭實在很強烈時，馬上用修行的方法化解，例如懺悔、反省自己的行為，否則很可能會轉變成身、口的邪惡行為。養成這些習慣之後，邪惡的身、口、意三業，就會愈來愈少，這就是精進。

（二）第二十五章云：「人為道，不為情欲所惑、不為眾邪所誑，精進無疑，吾保其得道矣。」人如果要修行佛道，要不被情欲所迷惑，不被許多的邪說、邪見、邪行所欺騙，隨時提高警覺，精進不退失，那就容易得道了。此處所說的道，是從痛苦、煩惱中而得以出離的解脫道。

所謂情欲，對出家人來說，指的是男女的愛情；對在家人來講，就是不正常或是泛濫的愛。譬如說有了一個配偶，還想要第二、第三甚至更多，結果煩惱、痛苦、心裡的問題障礙更多，對於身心都不健康。

我遇到過一位先生已經是結了婚的，但是他的女朋友不少，他太太經常跟他吵架，他也隨時準備離婚，他認為反正他有那麼多女朋友，一個太太離婚了又有什麼關係。我問他：「離了婚之後，另外一個女孩跟你結婚，她也會跟你吵啊！」他說：「沒有關係，那我就再離婚嘛！」

另外有位先生跟我抱怨說：「最好不要結婚，結婚以後就被太太綁住了！」我反問他：「不結婚跟女朋友就沒問題嗎？」他說：「也很麻煩，我有好幾個女朋友，每一個都希望我給她多一些時間，多一些愛。最初我認為可以享受更多的愛，結果不是，她們給我愛，但是也要我的心，而我的心只有一個，所以很痛苦！」

這就是過度的情欲，表面上看起來好像很享受，其實會帶來更多的痛苦。因此，一個學習佛法的人，在情欲方面一定要節制。

何謂眾邪？邪不僅僅是指邪惡的身、口行為，主要是邪惡的觀念及想法。譬如說，有人認為賺錢不一定要工作，只要用頭腦就可以了。沒有錯，用頭腦賺錢是一種智慧的賺錢方式；但是如果用欺騙的手段，甚至挖空心思，想不勞而獲，將別人的錢變成自己的，因自己受益而使得他人損失，這是不道德的，這就是邪惡。

曾經有一群專門闖空門的年輕人，做案無數，終於有一次失手被抓，關在監牢裡。有位法師去感化他們，其中一個人說：「我不信佛，你不要來跟我嚕嗦！」法師說：「你們一定認為自己沒有做錯，能不能告訴我是什麼道理呢？你們為什麼年紀輕輕的不去找工作，而去做小偷呢？」他說：「亂講！這也是我們的工作！你要知道，我們花了很多的時間去研究、計畫，才能拿到東西，這不是簡單的，換作是你辦得到嗎？這次是倒楣被抓到了，下次更注意一點，他們就抓不到了！」法師又說：「別人的東西及財產，都是辛辛苦苦賺來的，你們拿走，不是不公平嗎？」這個年輕人說：「哼！世界上的人都在偷、都在騙、都在搶，只是方法不一樣而已。」

這就是邪惡的思想，對他人造成傷害，還認為是正常的、正確的、有道理的。當我年輕的時候，也有許多觀念上的誘惑，譬如我吃素，很多人誘惑我，他們說：「世界上的動物就是給人吃的，你現在不吃，等到世界上全都是動物時，人就被動物吃了。」我說：「這沒道理啊！照你的說法，現在不吃豬，世界上到處都會是豬。其實豬是人養的，沒有人養也不會有這麼多的豬啊！」他們說：「現在的豬本來都是野豬，是人養了之後使牠們變成家豬。假如每個人都不吃豬，家豬都變成野豬，野豬就會來吃人了！」我說：「對不起！我是為了慈悲而不吃肉，不管你怎麼說我還是不能吃肉的。」這種強詞奪理、似是而非的說法，就是一種邪的觀念。

（三）第三十二章云：「夫人能牢持其心，精銳進行，不惑于流俗狂愚之言者，欲滅惡盡，必得道矣。」

（四）第三十四章又云：「夫人為道，猶所鍛鐵漸深，棄去垢，成器必好。學道以漸深，去心垢，精進就道。暴即身疲，身疲即意惱，意惱即行退，行退即修罪。」

三、《佛遺教經》

《佛遺教經》中有四段經文是講精進的：

（一）有云：「已能住戒，當制五根，勿令放逸，入於五欲。……此五根者，心為其主，是故汝等（比丘），當好制心。……譬如狂象無鉤，猿猴得樹，……當急挫之，無令放逸。縱此心者，喪人善事；制之一處，無事不辦。是故比丘，當勤精進，折伏其心。」

（二）又云：「汝等比丘，若勤精進，則事無難者，是故汝等，當勤精進，譬如小水常流則能穿石。若行者之心，數數懈廢，譬如鑽火未熱而息，雖欲得火，火難可得。是名精進。」意思是說，諸位比丘們，如果你們能夠精進的話，任何事情都不會有困難。假如一個修行人的心經常懈怠，就像古代的人鑽木取火，木頭還沒有轉熱就停止了，那是不容易得到火的，所以要好好地精進。

經文中另一個譬喻是說，即使是小小的水滴，只要不斷地滴在石頭上，時間久了，石頭也會穿出孔來，這就是精進。精進的意思是持久地，不斷照顧身、口、意三種行為；如果不照顧，就會變成懈怠、放逸，那麼，任何事都完成不了。

因此，要修道完成，一定要持續不停地努力，許多人學佛一陣子，新鮮感沒了以後，覺得修行佛法好像也沒什麼用。打坐，坐在那裡不能動，不能講話，得到的只是腿痛，其他一點好處也沒感受到，不禁懷疑起自己：為什麼要這麼辛苦？結果打坐不坐了，修行也中斷了。這樣的人想要得到修行的利益是不可能的，因為木頭還沒有鑽熱就放棄了，又怎麼會有火呢！

（三）又云：「世皆無常，會必有離，勿懷憂也。世相如是，當勤精進，早求解脫，以智慧明滅諸癡闇。」

（四）又云：「常當一心勤求出道。」

除了前面的《佛遺教經》，在《大般涅槃經後分》卷上〈遺教品〉第一也有：

「我涅槃後，汝（阿難）當精勤，以善教誡我諸眷屬。授與妙法，深心誨誘，勿得調戲，放逸散心。……無常大鬼，情求難脫，憐愍眾生莫相殺害，乃至蠢動，應施無畏，身業清淨，常生妙土，口業清淨離諸過惡。莫食肉，莫飲酒，調伏心蛇，令入道果。……此生空過，後悔無追，涅槃時至，示教如是。」

結論

四正勤不是拚命，而是像細水長流般地精進，如果像洪水那樣猛烈，只會傷害自己傷害他人，修行不得力，馬上起退心。如果能像細水長流般地不懈怠，在時間、精神、身體上都不會受到傷害，才能使我們的心真正地清淨，真正地安定。

（一九九九年十月二十四日，十一月七日、十四日、二十一日，講於美國紐約東初禪寺，姚世莊居士整理）

參、四如意足講記

四如意足是四種定境

四如意足是基本的佛法，是四種定境，又名四神足或四如意分，是三十七道品的第三科。三十七道品是修道的重要資糧，共有七科，也可稱為七個階段或七個層次，依次為：四念處、四正勤、四如意足、五根、五力、七覺支、八正道分，加起來一共是三十七項，因此稱為三十七道品。在此之前，已經分別講過第一科「四念處」及第二科「四正勤」。

四如意足的梵文叫作 catvāra ṛddhi-pādāḥ，是得神勝如意的四種定，名為神足，又可稱作為神妙的、神奇的力量，但其真正的意思是有四種神妙的腳，是以定為足。如意足，是神用自在、自由自主。可以根據自己的心願、意志，不受外境的影響；可以約制內心的煩惱，不會表現成為不善的動作及語言。

一般人修行禪定，目的是在希望入定，在定中，自然不造惡不善業，暫時不起煩惱、痛苦，然而並未能從潛在的煩惱隨眠，永得解脫，出定之後，瞋怒驕慢等心還是存在。若依佛法道品的次第修行，由四念處、四正勤、四如意足，繼續修習增上，便能以觀慧及禪定之力，將煩惱由粗而細，逐層伏斷。

以中國禪宗的修行來說，雖然是重視開悟的，但開悟並不一定要入次第禪定，只要能夠見到自性或空性，便算開了小悟。開了小悟，並非完全沒有煩惱，而是清楚知道自己的煩惱並沒有斷，也清楚知道自己的心有時候沒有辦法控制自己。因此，有一些所謂已經見性了的修行人，他們還是有許多的煩惱習氣，不論是在語言中或是在動作中，會表現出不清淨的情緒以及不清淨的行為。因此，見性之後的人還是要多聞熏習、打坐、修定。禪宗是先用觀慧入門，若無基礎的禪定工夫，想要一悟徹底是很難的，故在一悟再悟之後，仍得繼續修行。

修證次第中的四如意足

四如意足在五個修證次第中，屬於第二個次第，名為加行位。所謂五個修證次第，是聲聞法的從初修習而至解脫涅槃，茲介紹如下：

（一）**資糧位**：資糧也叫作道糧。就像過去的人在出門的時候，先要隨身準備著路上吃喝的乾糧及飲水等。是指三賢位：五停心、別相念處、總相念處。此位初伏三界見、思二惑。見惑是指知見、觀念的迷惑，包括身見等，思惑是指心理迷亂的煩惱，包括貪、瞋等。

（二）**加行位**：準備了路糧之後就要上路了，往什麼地方走呢？是往解脫的路上，努力前進。此位乃四善根位，是指：煖法、頂法、忍法、世第一法。此位續伏三界見、思二惑。

（三）**見道位**：始發無漏正智，始見未曾見過的真諦；小乘初果位，大乘初地。《俱舍論》云：至四善根的第四，於世第一法的無間道發無漏正智，即以十六行相，次第觀欲、色、無色三界四諦之中，通過十五行相，至見道。此位斷三界八十八使見惑，見到聖道，進入聖者的階段，即是聲聞的初果位。

（四）修道位：是聲聞的第二果及第三果位，繼續修諸道品次第，繼續漸斷八十一品思惑及色等有漏法。

（五）無學位：初、二、三果，雖入聲聞聖位，仍稱有學，到了第四阿羅漢果，斷盡思惑，稱為非所斷，入此位者不再到三界受報，故稱無學。

四念處及四正勤，是在資糧位修，四如意足則是在加行位修。在修行禪定的過程之中，能夠發起煖、頂、忍、世第一的四種善根，因此，加行位又稱作四善根位。依據《俱舍論》卷二十三有云：「煖必至涅槃，頂終不斷善，忍不墮惡趣，第一入離生。」茲再分述如下：

（一）煖法：是總相念住之後念所生的善根，有下、中、上三品，皆具觀苦、集、滅、道四諦，修苦、空等十六行相。煖是譬喻聖火，是見道位無漏智的前相。若入此位，雖或退墮、或斷善根、造無間業，墮於惡道，然流轉不久，必得涅槃。

（二）頂法：是煖法上品後念所生之善根，有下、中、上三品，皆具觀四諦十六行相。頂是譬喻山頂，在進退兩者之際，或有進而上登忍位，或退而下降至煖位，有造無間業而墮地獄者。然此位之人，縱然退墮，終不斷善根。四如意足，即在此位修習。

（三）忍法：是頂法上品後念所生之善根，有下、中、上三品。下忍具觀四諦，修十六行相，畢竟不墮惡趣。中忍漸滅所緣之四諦，滅能緣之十六行相，最後僅餘一個屬於欲界苦諦下之苦行相，謂之滅緣滅行。上忍僅為一剎那間。至此，畢竟不再退墮忍法，亦無墮於惡趣者。

（四）世第一法：是生於上忍後念之善根，僅為一剎那間，故無下、中、上的三品。此位同於上品忍位，僅觀苦諦苦之一個行相。「世」是世間有漏法，此位是於有漏法中，無有超出此一觀智的程度者，是世間有漏法中最高最勝之法，故名世第一法。此位極速無間，必生無漏智，入見道位，證悟勝諦，為初果聖者。

四如意足的內容

根據《大智度論》卷十九云：「行者如是得四念處實智慧，四正勤中正精進，精進故智慧增多；定力小弱，得四種定，攝心故，智、定力等，所願皆得故，名如意足。」

這是說在三十七道品次第之中，四念處、四正勤的修習，重點在於智慧增多，定力則不足，故須再以修習四如意足的禪定，方能使得行者的智力與定力相等，所以稱之為如意，所願皆得故。

又云：「問曰：四念處、四正勤中已有定，何以故不名如意足？答曰：彼雖有定，智慧、精進力多，定力弱故，行者不得如意願。」

這也是說，在修習四念處、四正勤中，雖也有定，但以智慧精進之力為多，定力較弱，所以不得如意願故。

很多人有種誤解，認為修行只要發悟見性，似乎什麼問題都可以解決了，這是

「未得謂得」的錯誤觀念。單靠禪定，不會見性，單憑觀慧，不得如意願。必須智慧與禪定同等生起，才入頂位，但這還未見道，何況得大解脫。

四如意足是指欲如意足、精進如意足、心如意足、思惟如意足，分別介紹如下：

一、欲如意足

欲如意足（chanda-ṛddhi-pāda）：是以希望求得勝定，以欲為主得定。欲有三種性質：

（一）**欲心所**：欲有多層意思，通善、惡、無記的三性；發願樂修道品是善，沉醉於五欲的享受及貪得無厭的追求占有是不善，這裡所講的欲如意足，當然是善心所。

（二）**希望**：欲是一種希望、企盼。是對所愛樂的事物，想做、想得之欲求、願望。此處的欲如意足，是希望得到殊勝、神妙的禪定。

（三）**意欲（意樂）**：在修習禪定的過程之中，有昏沉、掉舉、放逸、懈怠、失念、不正知等六種缺陷，會阻礙禪定的修行，而「欲」的「意樂」就能幫助我們在習定時，排除其中的「懈怠」。例如《藥師經》有云：「正見、精進善調意樂。」《攝大乘論》則指出有六種意樂。《三藏法數》卷二十則云：「菩薩修習一切法門，皆須作意欣樂也。」

二、精進如意足

精進如意足（vīrya-ṛddhi-pāda）：是以精進策勵得勝定，是以精進之力得禪定。有了欲這樣的意願、意欲之後，必然要下定決心，開始精進地用方法，這就要回到四正勤了；用四正勤的態度，既已精進努力地修習四念處觀，亦以精進力來修四如意足。

三、心如意足

心如意足（citta-ṛddhi-pāda）：是以守心攝心得勝定。以習定因緣生起道分，以有漏無漏心得禪定。用精進心來修習禪定，在任何一個時空裡，都是維持在當下這一念的方法上。這個心，本來是散亂的妄想心，若將此心放在方法上時，就能夠生起菩提道分了。這是將執著心、煩惱心，轉為心如意足，做為習定的能緣所緣心。

四、思惟如意足

思惟如意足（mīmāṃsā-ṛddhi-pāda）：是以智慧、思惟觀察得勝定。以思惟為主得定，以定因緣生起道分。雖然已經能夠用心修定，但是凡夫的心不可能一下子就變為修道的心，在用方法時，還是會有六種缺陷隱現出沒，因此，就要用思惟、用智慧來省視觀察了。省察自己在修定之時的心，如理不如理？正確不正確？如理正確，就持續下去；不如理不正確，就馬上改過。漸漸地、漸漸地，到最後，只有如理正確的狀況，這種狀況稱作「頂法」。在加行位中的「頂法」，就是在升墮進退之際，只允許有如理正確的心念出現，不斷地思惟省察，使得不正確不如理的煩惱心（總名為十纏：無慚、無愧、嫉、慳、悔、眠、掉舉、昏沉、忿、覆）沒有現行的機會。

由於修習禪定有六種障礙，只要有其中一種障礙出現，心就是有問題的，是不如理的。因此，要以如理、思惟、觀察來對治六種缺陷，對治十纏煩惱。如果能夠到四加行位的最後一個「世第一」位時，那就超出凡界而進入初果見道的聖者位了。此時，心中不再有惡不善法的現行，可是見惑雖斷，思惑未斷，一直到成佛為止，才會永斷最後一分微細無明。能到「世第一」位已經伏三界見、思二惑，剎那無間，離凡夫位，入「見道位」時，斷三界見惑；思惑已伏而尚未斷，不名為纏，而稱隨眠。

四如意足即是四種三摩地

大乘唯識學系所說四如意足，亦名四種三摩地，例如《瑜伽師地論》卷二十九云：「欲三摩地、勤三摩地、心三摩地、觀三摩地。」以欲、勤、心、觀，四增上力，所得三摩地。三摩地即是定、等持、一境性，下面即依《瑜伽師地論》來介紹四種三摩地：

一、欲三摩地

欲增上力所得三摩地：「若於是時，純生樂欲，生樂欲已，於諸所有惡不善法，自性因緣，過患對治，正審思察，起一境念；於諸善法自性因緣，功德出離，正審思察，住一境念。即由如是多修習故，觸一境性，於諸所有惡不善法，現行諸纏，能令遠離，而未永害，煩惱隨眠。」

欲增上力，就是有個意願、期待、希望，想要如何才能得定。首先，就要對治種種不善的煩惱心，看看這個煩惱是真的有嗎？它的本性又是什麼？如果知道它只是一種虛妄的妄念，不是實在的，那為什麼還要有煩惱呢？執著自己的煩惱心，反而變成了麻煩，只有不斷、不斷地觀察自己的心，知道所有一切的妄念，無非煩惱。也就是觀察惡法及善法的自性因緣，使得妄念愈來愈少，到最後就是心念的統一，稱為「起一境念」、「住一境念」，而得遠離「惡不善法」及「現行諸纏」，不過尚未永除「煩惱隨眠」。

二、勤三摩地

勤增上力所得三摩地：「若於過去未來現在，所緣境界，能順所有惡不善法，能順所有下中上品煩惱纏中，其未生者為令不生，其已生者為令斷滅，自策自勵，發勤精進，行彼所緣，於彼境界自性因緣，過患對治，正審思察，住一境念。即由如是多安住故，能正生起心一境性，於諸所有惡不善法，現行諸纏，能令遠離，而未永害，煩惱隨眠。」

勤增上力，又叫精進增上力。對於心中所想的念頭，不論是過去的、未來的、現在的，全部都是妄念。過去的已經過去，不要再去管它；未來的還沒有來，讓它不要產生；現在有的妄念，不執著它，趕快停止。這個名為「能」調「順所有惡不善法」，也是「能」隨「順所有」「煩惱纏」縛。這個時候的心，只有清淨的一念境，必須不斷地觀察現在這一念，停在現在這一念上。這就是《金剛經》所說的：「過去心不可得，現在心不可得，未來心不可得。」能夠這樣不斷地練習，即使還沒有達到《金剛經》過、現、未三心不可得程度，但是方向相同。從有間歇的一念，成為持續的一念，便是「心一境性」的三摩地，住此「心一境性」，便能遠離「所有惡不善法」及「現行諸纏」，不過尚未永除「煩惱隨眠」。

三、心三摩地

心增上力所得三摩地：「若復策發諸下劣心，或復制持諸掉舉心，又時時間修增上捨，由是因緣，於諸所有惡不善法，若能隨順惡不善法及諸善法，若能隨順所有善法自性因緣，過患功德，對治出離，正審思察，住一境念，即由如是多安住故，能正生起心一境性。」

心增上力，即是持心不昏、不散、不掉舉，名為奢摩他。要時時省察自己的心，念念不斷觀察自己的心，是否有掉舉等的現象，發現了馬上要捨。此即是隨順一切惡法及善法，如理審察其自性因緣，或為過患、或為功德，或對治、或出離，便能得三摩地而住於「一境念」，而發起「一境性」。此三摩地，雖能遠離所有惡不善法及現行諸纏，亦尚未能永除「煩惱隨眠」。

四、觀三摩地

觀增上力所得三摩地：「若於能順惡不善法，作意思惟，為不如理；復於能順所有善法，作意思惟，以為如理。如是遠離彼諸纏故，及能生起諸纏對治，定為上首，諸善法故，能令所有惡不善法，皆不現行。便自思惟：我今為有現有惡不善法，不覺知耶？為無現無惡不善法，不覺知耶？我今應當遍審觀察。彼由觀察作意增上力故，自正觀察，斷與未斷，正審思察，住一境念。即由如是多安住故，能正觸證心一境性。由是因緣，離增上慢，如實自知：我唯於纏心得解脫，未於一切一切隨眠心得解脫；我唯獲得及已修習，諸纏對治，定為上首，所有善法；而未獲得及未修習，隨眠對治。」

觀增上力，觀是觀察審思的意思。觀察自己是否正在用功，隨順一切惡法，為不如理，隨順一切善法，為如理。遠離諸纏，對治諸纏，皆由如理思惟，如是反覆遍審觀察，便能得三摩地，便是能「住一境念」，而「觸證心一境性」，「離」未得謂得、未證謂證的「增上慢」心。故其自知，唯於現行諸纏，心得解脫，未於一切「隨眠」，心得解脫，尚須修習，對治一切隨眠之法。

《瑜伽師地論》卷二十九又云：「彼由如是四三摩地增上力故，已遠諸纏，復為永害一切一切惡不善法，諸隨眠故，及為修集能對治彼諸善法故，便更生起樂欲策勵，廣說如前修四正斷，加行道理。」

可知，四如意足，是在加行位中修習四種三摩地，雖能以之遠離惡不善法的現行諸纏，尚未永除一切惡不善法的諸種隨眠，必須更生樂欲策勵，修集對治此等隨眠的諸種道品。

四如意足即是四神足

由於四念處是修觀慧，四正勤是以精進心來修四念處，但定的力量不強。因此，修過四念處的觀慧之後，再修四如意足的禪定。

在禪宗修行的方法，譬如說用參話頭見性時，就叫作破參，也就是破了禪宗修行的第一關，但這並不等於解脫，也不等於已經修行完了。見性，只是清楚地知道自己應該走的路是什麼，此時，便奠定了對於修學佛法的信心。

見性的經驗，有點像一個人走在伸手不見五指的黑夜裡，什麼也看不到，突然間有一串雷電之光，一閃即滅，讓你看到道路，發現了道路的去向，瞬間的閃電過後，又回復黑暗，道路也隨即隱沒，可是這時候你已經知道有一條道路可走，便有繼續往前的信心。但這絕對不等於已經走完了路，因此，從此以後必須要好好地次第修行一切道品，好好地走完這條解脫之道與成佛之道。

禪宗的見性，也不能與聲聞初果的見道位相混。大乘法貴在菩提心的菩薩行，不為自求速成。迷人漸修，悟時頓悟；悟後起修，發大悲心，歷劫潤生。聲聞法側重出離心的解脫行，厭三界苦趣，求速脫五蘊；雖離我執，未離法執，不算究竟。

四神足與四加行位的關係，則如《俱舍論記》卷二十五云：「此（四神足）據加行立名。」又云：「欲謂希求，勤謂勤策，心謂所依，觀謂觀察。」

欲神足：欲者欲起此定，謂加行位，由欲力故，引發定起。

勤神足：勤者勤修此定，謂加行位，由勤力故，引發定起。

心神足：心者心所所依，謂加行位，由心力故，引發定起。

觀神足：觀者慧觀察境，謂加行位，由觀力故，引發定起。

這裡將四如意足，名為四神足，只是用作比喻，與六種神通的神足通，實在不相同，它是在加行位中修習的四種禪定。凡夫修行四禪八定，以享受定中的安樂，或是希望得到神通；修習道品次第的四如意足，目的不在享受定樂，不在獲得神通，而是為了解脫。因此，《俱舍論記》卷二十五也說「一三摩地，由四因生」，將四如意足稱作四種三摩地或四種三昧，就與六種神通中的神足通，有明顯的區隔了。

四如意足為何稱為四神足

以神足為如意足命名的用意，可舉典據如下：

《俱舍論記》卷二十五云：「謂諸神靈，勝妙功德，故名為神；定是彼神所依止，故名之為足，神之足故名為神足。」

四如意足的四種三摩地，能發起許多神勝靈妙功德，故以此定，名為神足。

《大毘婆沙論》卷一四一云：「者所思求，諸所欲願，一切如意，故名為神；引發於神，故名神足。然此神用，略有二種：一世俗所欣，二聖者所樂。若分一為多，合多成一，此等名為世俗所欣。若於世間諸可意事，不住順想；於諸世間，不可意事，不住違想；於諸可意不可意事，安住於捨，正念正知，此等名為賢聖所樂。」

所求如意，故名為神，此定有發神之能，故名為足。世間俗人所樂者神變發現；賢者及聖者所樂者，是捨卻可意及不可意的兩端執著，安住於正念正知。

《大毘婆沙論》又云：「復有三種神用：一運身，二勝解，三意勢。運身神用者：謂舉身凌虛，猶若飛鳥，亦如壁上所畫飛仙。勝解神用者：謂於遠作近解，由此力故，或住此洲，手捫日月，或屈伸臂，頃至色究竟天。意勢神用者：謂眼識至色頂，或上至色究竟天，或傍越無邊世界。」

此段是說明「世俗所欣」的神足通之妙用，分別有三類神用，唯其非關四如意足的功德。

又云：「三摩地名神，欲等（勤、心、觀）四名足。由四法所攝受，令三摩地轉故。」

以修習欲、勤、心、觀的四種道品，發起四種三摩地的神用，故名四神足。

又云：「三摩地，是神亦足，欲等四，唯足非神。」

三摩地既是果位的功德，也含因位的運作；欲、勤、心、觀的四者，唯是因位的方法，未必已有三摩地的果德。

四神足不是神足通

四如意足又叫作四神足，「神足」之名，也是六神通的一種。所謂六種神通，便是：宿命通、天眼通、他心通、天耳通、神足通、漏盡通。神足通就是神運變化，不論變大變小，變遠變近，變多變少，變有變無等，所有一切的神變都屬於神足通。

稱為神足通的原因，就是能夠以超自然的力量來運作，完成各種三度空間現象變化的目的，從這樣變成那樣，從這兒到那兒的種種過程，就如用腳走路一樣。神是一種超自然的神祕力量，足是運作過程的現象。在佛經，常常看到羅漢、菩薩以及佛，都有神通的記載。所謂十八神變，放光動地等，就是神足通。

修學佛法的人未必有神通，亦非一定要修學佛法的人才會有神通，沒有學佛而僅修禪定也可能修出前五神通。甚至有些眾生，不修禪定，也可能有報得的神通。一般人的異常經驗，屬於感應而不是神通，所謂感應，就是偶爾會碰到、聽到、看到、聞到種種奇異現象。六神通中，除了屬於四果聖人所具的漏盡通外，其他五種神通，凡夫外道乃至異類眾生，也可能有。

神通和感應是不一樣的，神通可以自主發通，感應不能自主自發，感應不一定是修行的人才有，神經質的人也常會有感應。神通所現如幻似真，感應所現擬真非真，實則都應視為幻覺、幻境。有些大魔術師、大催眠師，也能表現神通般的特異工夫。

凡夫對於神通都有興趣，但是神通不是絕對有用，也不一定是正面的，它的本身並不可靠。譬如說，過去世的重現，未來世的預見，能聽到、看到遠處發生的事情，能看到一些隱藏不露的物件，能知道他人心中在想些什麼等等。這些神通雖然會讓人感到很驚奇，似乎打破了時空的限制，但是，從因果的原理來看神通，完全是沒有用的，因為它違背了如是業因、得如是業果的自然定律。應該發生的事，遲早會發生；不應該發生的事，縱然發生了也不會真的管用，主觀的神通是不可能改變客觀事實的，縱然暫時改變，必然要於未來做更多的補償。

不論在大乘和小乘的聖典中，都可以看到有關神通的記載。但是，釋迦牟尼佛在世時，要吃飯他不會坐在那裡等著，指揮一些天神送飯來吃，所以每天到了一定的時間，他會去村中托鉢。成佛之後的世尊，在世間行化，不管走到哪裡，也都像我們一樣，是用兩條腿在走路。他也不曾用神通變了一座又一座的寺院，讓所有的弟子們都不需找工人建屋就有得住，釋迦牟尼佛還是需要居士們供養土地，布施金錢來蓋房子；甚至佛陀自己披的袈裟，也是他自己用手裁製。人間的佛陀，是很少現神通的，他是一位平易近人的智者。

佛雖然有神通，卻不輕易用神通。佛的聖弟子中，有一男一女兩位神通第一的目犍連及蓮華色，已是羅漢，最後卻由於宿世業報而被人打死。照理說他們可以用神通逃往他方世界，可是他們卻沒有，因為這是因果業力使然，縱然想逃，也逃不掉。

到現在為止，上座部的佛教界，仍是不准出家人表演神通，例如在今天的泰國，比丘表演神通是被禁止的。中國的大乘佛法，不論是哪個宗派，也都不准許展現神通。藏傳佛教，非常重視神通，可是也不輕易表演，當我遇到那些大成就者，問他們究竟是否有神通時，他們也不直說有或沒有。

有一次《西藏生死書》（*The Tibetan Book of Living and Dying*）的作者索甲仁波切（Sogyal Rinpoche），到農禪寺訪問我。在他來的前一刻鐘，我正在臥室，忽然有一隻鴿子以非常快的速度飛撞到我臥室窗台下方的牆壁，當場死亡，那時寺內正在舉行念佛法會，有一千多位蓮友。我首先為這隻死去的鴿子念阿彌陀佛，也願以全體蓮友們念佛的功德，迴向這隻鴿子往生極樂世界佛國淨土。索甲仁波切到了以後，我吩咐我的侍者，用一隻盤子托著這隻鴿子，請索甲仁波切為牠超度。

我說：「這隻鴿子真有善根，仁波切來了，我們正在念佛，所以也請求上師超度。」

索甲仁波切大概花了五分鐘的時間，用一種也是彌陀法門的破瓦法（phowa），為這隻鴿子念誦超度。

在他修法之後，我問：「仁波切，請問這隻鴿子現在到哪裡去了呢？」他答得很爽快：「我沒有這種神通力，我不知道！」

我不知道他是否有神通，至少他自己沒有說他有神通，請問諸位，索甲仁波切究竟是否知道鴿子到哪裡去了？其實從我的觀點來看，牠是往生了，但我不是靠神通而是因為信心，如果沒有這個信心，我就不會自己為牠念佛，也不會請仁波切為牠超度了。

另外，最近有一位中年女士要來見我之前，我已得到訊息，因為在我的會客室中，忽然有了一股很濃的檀香味，我心裡在想：「嗯，有什麼神靈要來了！」

這一位女士來了之後，問我是否知道她是誰？我說我不知道，她說我應該知道她是誰，我說：「妳應該知道，我不知道妳是誰呀！」

由於那股檀香味，是從這位女士身上散發出來的，於是我說：「妳身上有一樣不是屬於妳的東西，是在借用妳的身體，準備做些什麼。」此時的她，似乎已不能分辨，那股檀香味和她自己之間是一是二了。

接著我又說：「我能夠幫助妳的，就是從今以後，勸妳口中常稱彌陀聖號，不要再聽這樣東西的命令，心中常念五蘊皆空，漸漸地就會離開妳了。否則，妳會變成靈媒，對妳的家庭、工作、生活，都會有負面的影響，妳會變得很不正常。學佛的人，一定要在正常之中，開發平等的慈悲與無我的智慧。妳今天來這裡，附在妳身上的靈，也未想到我會講這番話，聽了之後，對你們都好。」

像類似的現象，既非四神足，亦非神通，乃是靈體附身的功能，跟禪定無關，跟智慧不相應，和道品的修證無涉。最好是視而不見，聽而不聞，不用排斥它，也不必去注意它。

（二〇〇〇年十月二十二日、十一月五日，講於美國紐約東初禪寺，姚世莊居士整理）

肆、五根五力講記

前言

五根與五力為三十七道品之第四與第五科；道品，又稱菩提分、覺支，即為追求智慧，進入涅槃境界之三十七種修行方法，故又稱三十七覺支、三十七菩提分、三十七助道法、三十七品道法。循此三十七法而修，即可次第趨於菩提，故稱為菩提分法。

在三十七道品之中，共有七科，我過去已經分別講過四正勤、四如意足等科，並已分別收錄在「隨身經典」系列中，此次接著說五根及五力。

何謂五根及五力？

五根（梵語 pañcendriyāṇi）是三十七道品的第四科，與眼、耳、鼻、舌、身等五種色根相對，亦名五無漏根。根有「能生」的意思，因為信、精進、念、定、慧的五種道品，是能生起一切善法之根本。依此五根，能令人生起無漏聖道。

五根在佛法中分有兩類：

第一類是生理機能的眼、耳、鼻、舌、身，名為物質的五種色根。

第二類是道品次第的信、精進、念、定、慧，名為五種無漏法之根基。道品中的五根，能令人生起無漏的聖道；而道品中的五力，則是依據五根而生起五種破惡成善的力用。

五力（pañca balāni）是三十七道品的第五科，也即是依據第四科的信等五根而生起五種力用，因其皆有破惡成善之功，故名為五力。

《大乘義章》卷十六云：以信等五種道品，出生出世聖道之力偏強，故名為根，又因此，五根依次而有對治不信、懈怠、放逸、掉舉、無明煩惱等之作用，故名為根。

《止觀輔行傳弘決》卷七之一有謂，修行之人「縱善萌微發根猶未生，根未生故萌善易壞，今修五法使善根生」。

三十七道品的修行是有次第的，從前三科（四念處、四正勤、四如意足）的修觀和修定的根基紮穩之後，就會產生五種善根，每一種善根的根基都是有力量的，根據這五種善根再繼續修行，那個力量就是功能，那就是五力。所以說，五根與五力彼此是互為因果的關係。經過前三科的修行基礎而產生的善根，成為解脫道和菩薩道的基礎，所以稱它為「根」。

根就是根本的意思，任何植物都有根，如果根深而大，它的生長力就會愈來愈強，如果根細而小，遇到太陽就會被曬死，遇到雨水就會被沖毀。修行也是一樣，如果根基不夠深，很容易受環境影響，而改變自己的意願，甚至生起退心。因此，修行佛法首先要培養這五種善根。

這五種根又名無漏根，無漏就是從煩惱得解脫。如何培養這五種根？就是要先修「四念處」——主要是修觀、修定；然後用「四正勤」來修四念處——以精進的心既修觀慧，又修禪定；再以四正勤的功能修四種神足，即「四如意足」，四種神足就是四種定。觀慧和禪定的功能產生之後，信心就會穩固，第一根的信就產生了。

事實上，在修四念處時五根就已開始在奠定基礎。四念處是觀身、觀受、觀心、觀法，再用精進心來修這四種觀法，進而轉成禪定的修行，對修行的方法產生信心之後，修行便得以更精進，禪定的功能就會愈來愈深，智慧也愈來愈增長。所以，五根並不是單獨的，而是由四念處、四正勤、四如意足一脈連貫下來的。

如何在日常生活中運用五根？

佛學是一種學問、一種方法，是可以用知識、書本以及老師來傳授的。如果僅僅聽到佛學，懂得許多經論，甚至也很會講解一些經論，在佛門中形容這是「說食」、「數寶」。說食就像到餐廳裡念菜單一樣，念給人家聽這是什麼菜、那是什麼菜，可是自己並未吃到；數寶則好比到銀行替人家數鈔票，數完了，鈔票是銀行的，與自己沒有什麼關係。因此，有些人也許對佛學理論很清楚，然而對自己生活的態度以及人格的修養，並沒有幫助，這叫販賣知識，也稱作「說食數寶」。

我的師父東初老人曾跟我說過：「懂四句不如能夠用一句，講十句不如能夠行一句。」行就是修行，沒有修行的心，它的根是淺的、浮的，無法紮實，所以要不受誘惑是相當不簡單的。我從一九七五年到美國，至今已有二十六年，在此期間，我講了許多經、許多法，也指導了很多人修行，但是聽我講法的人不一定跟我修行，而跟我修行的人也不一定能夠持久。今天在座聽講的，居然還有五位是跟我修行了二十多年的弟子，他們之所以持續修行，主要原因是他們參加禪七，在禪修的過程中得到一點益處、一些體驗，對他們的生活有幫助，對他們的心產生安定的功能；在座親近我超過十年以上的人更多，他們多半也是打過禪七，知道不斷地用佛法在生活中體驗，用佛法調心，這就是修行了。如果只知道有佛學，而沒有用佛法來調伏自己的心，信心是不容易建立起來的。

接下來就進一步介紹修行信、精進、念、定、慧等五種善根的方法：

一、信根增長

信根是篤信正法的三寶、四諦等，能生一切無漏禪定而得解脫；信力是因信根增長，對三寶虔誠，能破一切疑惑，不受邪信所迷。

信心是不容易建立的，建立了之後也很不容易堅固，有的人今天相信了，明天又會改變，而這裡的「信根」是指信了之後不再改變，稱之為信根增長。

信根增長意思是說「信」是個基礎，然後還要繼續不斷地增上信心的力量。在此舉出信因果、信因緣、信佛法僧等三個項目：

（一）信因果

種如是因，得如是果。災禍與幸運，必有其原因，不用害怕逃躲，不宜得意驕傲。

因果簡單地說就是，曾經有過的行為，必定有它的結果，現在所得到的、面臨到的種種幸或不幸，樂或不樂，這都是果。而果是從哪裡來的？一定有它的因，有的在這一生中知道或不知道做了些什麼，有的則是在過去無量的生死之間，曾經造過種種的因，而到這一生來接受果報，因此，講因果必須要追溯三世：過去世、現在世、未來世。能夠這樣，才能將因果講得比較公平，也就不會對自己的遭遇怨天尤人，不會對自己的行為不負責任，否則，因果是無法講清楚的。

自從九一一恐怖事件之後，美國仍然處在恐慌、緊張的狀況下，大家都沒有安全感。當時我正要從臺灣到美國，在臺灣的許多朋友都希望我不要去美國了，他們說：「美國現在好危險啊！特別是紐約剛剛發生九一一事件，還有，美國正在流行炭疽熱病毒，處處都在恐慌中，希望師父不要再去美國了。」我說：「我的想法跟你們剛好相反，哪裡有危險，我就要跟那個地方覺得不安全的人在一起，或許能為正處在恐慌中的人們，帶來一些安全感吧！」

事實上，不論是在東方、西方，或者是過去、今天以及未來，地球這個環境是從來沒有安全過的，有的是人為的災難，有的是天然的禍害，但是，現在世界的人口數，卻比過去增加許多，可見得死去的人還是要比活著的人少了許多。

我是相信因果的，所以我又跟臺灣的朋友們說：「如果我現在應該在意外中死亡，那麼也不一定要到美國才有危險，留在臺灣也是一樣的，我可能會在洗澡時發生意外，也可能在上、下樓時不慎從樓梯上摔下而亡。如果從因果上來講，我現在還不應該走的話，那麼到任何地方，意外都不會降臨到我身上的。」就像東初禪寺的幾位信眾一樣，他們都在紐約世貿大樓工作，可是就在恐怖事件發生時，他們剛好都去度假了；相反地，有的人不在那裡工作，本來不應該去的，偏偏陰錯陽差在最危險的時刻趕上了。因此，應該安全的人，即使遇到危險也能逢凶化吉；假如應該在此時往生，即使不該去的，因緣也會將他推到那個地方去。

（二）信因緣

諸法因緣生，自性即是空。若遇災禍，當以智慧來預防，也以智慧來處理，就可避免災禍，或減少災禍造成的損失及悲苦。若遇幸運，當以努力來增加它、持續它，並以慈悲心與他人分享。如此一來，就可既不畏懼災禍，也不奢望幸運，便是「空」的體驗。

任何事情的發生，不論危險或安全、痛苦或快樂，都是不同的因素相加所得的結果，但是從因至果之間並不是單純的一直線，因為其中加上了不同的緣。也就是說，以因果而言，可能會遇到危險，然而如果能多做一些預防的準備工作，危險的程度可能就會減輕；譬如現在多做一些護持三寶的功德，多做一些有利於眾生的好事，觀念、想法就會轉變，命運自然也就會改變了，即使有危險，結果也不會那麼嚴重了，這就是因緣。

信因緣就不會對自己當前的命運哀怨和失望，不會對自己當前的成就自滿和驕傲，因為只要因和緣一有變動，目前所遇到的狀況就會改變，好的可能變成壞，壞的可能會變好。所以相信因緣的人，必定會面對現實，並且運用智慧來妥善處理種種狀況。

就像二〇〇二年九月在臺灣發生了水災，不少人因此而往生。當時在花蓮有兩個村落分別遭遇土石流的侵襲，一個村在大水災時，房子倒了，人也都往生了，甚至連屍體都找不到，因為他們沒有經驗，沒有警覺。而另一個村同樣遇到大水，房子也都倒了，房子裡不僅進了水，而且堆滿了兩尺高的石頭，但是卻無人死亡，這是由於他們提前做好準備，一旦發生大水時，整個村民都能順利逃了出去。

在臺灣南投也有一個例子，有一位先生每天都在念佛、誦經，他的家裡共有十幾個人，有一天他忽然想到他很久沒去臺北了，就在發生水災的那天晚上前往臺北，結果就在一夜之間，他在南投的家整個不見了，不但房子不見了，人也都不見了。在一九九九年的九月二十一日，臺灣發生了大地震，在震央範圍之內的寺廟幾乎全倒，但是寺廟內卻無人傷亡，當我問他們怎麼可能倖存呢？他們說：「當時我們並不覺得害怕，房子倒下時，我們很鎮定地找到出路。」我並不是說信佛誦經的人就不會遇到災難，而是說可能有改善或避免的機會。

因此，我相信類似紐約世界貿易大樓被炸毀的事件，不會再次在美國發生，因為大家已有了警覺心及預防心。像生化武器的炭疽熱病毒，如果具備防禦的措施，也並不是那麼可怕，只要小心謹慎即可。

如果有堅固的信心相信因果、相信因緣，便沒有理由會恐慌、害怕，但是仍然應該做好安全措施，使得危險性減至最低。當然，該走的時候還是會走的，可是不需要恐懼，如果經常神經兮兮地覺得處處都在危險之中，本來沒事的，結果可能因此反而將自己嚇出病來了。因此，請諸位還是好好地照樣過日子，只需稍微小心一些即可。

（三）信佛法僧

佛教是由「佛、法、僧」三寶組成，佛所說的話是法，我們信佛，所以相信佛說的法是很有用的；以法來修行，就需要有傳承，需要有老師，需要有團體共同的勉勵和規範，這就是僧。因此，需要用佛法的時候，就不能夠不信三寶。當我們用佛法來幫助自己，幫助他人的時候，必須相信佛法是正確的，佛法對我們是非常有用的，只要有佛法，什麼困苦危難的問題都可以解決。

因果和因緣，以及三十七道品所有的道品次第的修行方法，都是釋迦牟尼佛所說的，而道品次第的方法就是法，法是要由老師來教的。所以對佛、法、僧三寶要有堅固的信心，而三寶中主要信的是「法」，用佛法來幫助我們調心，改變自己的行為，多與人結善緣，對人多說好話、做好事，能夠如此，心裡就會平安，命運自然也會改變。

二、精進根增長

精進根是於正法，修四正勤，無有間雜；精進力是因精進根增長，能除身心懈怠，斷諸惡行。

精進事實上就是四正勤，再予以加強就稱之為增長。四正勤有四個項目：「已生的惡不善法令斷除，未生的惡不善法令不起，已生的善法令住不忘，未生的善法令之生起。」

什麼是善？什麼是惡？有人說他自己在一生中沒有殺過人，沒有做過強盜，或未曾被法院判刑坐牢，所以這四個項目皆已具備了。其實，坐牢的人並不一定是壞人，沒坐牢的也不一定是好人。有的人很明顯傷害了人，卻還不承認，也有的人不知道自己經常跟自己過不去，還老是怨天尤人，這樣的人算是善還是不善呢？

有一次在禪七期間，我在禪堂裡看到有一個人在打坐時老是在趕蒼蠅，蒼蠅一飛過來，他就拍趕一下，我問他在做什麼？他說：「蒼蠅可惡、討厭。」我說：「是你自己心生可惡、討厭。你引誘蒼蠅來對你發生興趣，牠是沒有煩惱的，牠只知道你的頭上有好東西吃，有好東西聞，現在你趕快到洗手間去，把頭跟臉洗乾淨，蒼蠅就對你沒興趣了，否則，牠還是會不斷盯著你繞。」像這樣的例子，究竟是蒼蠅做了壞事還是他做了壞事呢？這位先生坐了兩炷香之後就請求小參，他說：「師父，我是心生煩惱做了壞事，可是您也做了壞事呀，在禪堂裡是不應該有蒼蠅的，你將牠放進來，所以我就受到干擾了。」我跟他說：「現在大家都很有福報，有紗窗可以防止蒼蠅、蚊子，釋迦牟尼佛在樹下修行六年，那時候也沒有紗窗，甚至還有鳥在佛的頭上做了一個鳥窩，但是釋迦牟尼佛如如不動，根本不受影響，仍然在那裡打坐修行。」

善與惡，有相對性與絕對性的分別，一般人講的是相對性的，比較好或比較壞。而絕對性的善與惡又是什麼呢？絕對的善，是心不受任何的境界狀況所動、所影響，其禪定和智慧皆已成就；絕對的惡，則是極罪惡之行為，如殺人、放火、搶劫、強暴等。若以精進修行的角度來說，應該朝絕對的善去努力，相對的善還是不夠好也不夠正確。

有一次我在公園的樹下坐著，來了一位不認識的年輕人，他突然在我的背後叫我不要動，我還以為他要搶劫，接著聽到他在我頭上拍了一下，說：「啊！好大的一隻蚊子呀，牠正要咬你，我把牠打死了。」請問諸位，這位年輕人究竟是做了好事還是壞事？對我而言，他幫了我的忙，似乎是做好事、存好心，但是蚊子只是要吸我一口血，而他卻要了牠的命，這不是太不合理了嗎？

以眾生平等的立場而言，這位先生的心是不善的，他對眾生是以差別心來看，認為只有人類才是最尊貴、最重要的。其實，對蚊子來說，人類只是牠的食物之一。

很奇怪的是，當我與許多人在一起時，蚊子多半只叮其他的人，叮我的機會不多，只有當我一個人時，牠因為沒有選擇才會來叮我。有人說師父的血比較冷，所以引不起蚊子的興趣。我想應該並非如此，或許是因為我把所有的小動物都當成眾生來看，沒有想要傷害牠們，或與牠們對立，特別是在我打坐狀況很好的時候，這些小動物可能把我當成是一棵樹、一根木頭、一根草，不會來打擾我。

我們的心之所以經常隨著境轉的原因，主要就是會被環境所誘惑、所刺激，在這種狀況下，心是隨著環境在動，這叫「心隨境轉」，這個心就不是善心，不是好心了。如果心能夠非常地安定、清楚、清明，連環境也會受心的影響而改變，用心來改變環境，這叫「境隨心轉」。因此，當心受到環境影響時，要告訴自己，自己的心已經跟不善相應了，必須調整自己，知道環境是環境，自己是自己，不要受其影響、刺激而產生心理的活動，或行為上的偏差，否則，自己的心就已經是不善心了。

因此，凡是讓自己痛苦、煩惱、情緒波動，或者影響他人也陷入痛苦不安的種種行為，在不利於己也不利於人的情況下，不論是用語言的行為、身體的行為以及心理的念頭，都叫作不善。凡是對自己的情緒及生活有安定感、安全感，同時將健康的念頭以及語言等行為，分享給生活環境內經常在一起的人，這叫作善。

進一步，我們要能夠做到，即使是生活環境不在一起，而是間接接觸的人，也要有利益他們的想法、語言以及行為。也就是說，自己已從煩惱得到解脫，解脫就是智慧，就要把自己從佛法獲得的智慧分享給他們，那便是以慈悲心幫助他人，使他們從痛苦煩惱中得到解脫，那就是最好的善了。經常過著生善而止惡的生活，便是精進根的增長。

曾有一位女士跟我說：「師父，請您把我的先生也找來一起修行，好好用佛法管一管他！」我問她自己是否需要佛法呢？她說：「我沒有問題呀！是我的先生經常使我煩惱，家裡所有的問題全在我先生一個人的身上。」在臺灣我也遇到過這麼一位先生，因為他的太太常常在法鼓山做義工，那位先生對我說：「我的太太什麼都好，就是學了佛不好，現在回來老是教訓我，不准我打牌、釣魚、喝酒，不可以的事太多了。未學佛前，她不會有這麼多的問題，學了佛之後，每次回來都告訴我說：這是師父講的，要怎麼、怎麼……。」

我說：「你太太真的壞嗎？假如她回來陪你打牌、釣魚、喝酒，是不是就好了呢？」事實上，只要對身心的健康、人格的成長是正面的，才是好的。而且這位先生不但有高血壓，還有糖尿病，由於經常打牌打到夜不歸宿，又常到海邊釣魚，他的太太非常擔心他的安危。於是我又對他說：「你太太存心是好的，只不過講出來的話可能使你煩惱，希望你從這方面去包容她。」那位先生後來也參加了三天的禪修營，同時向我保證從此以後再也不打牌、不釣魚、不喝酒了。我告訴他說：「你要好好謝謝你的太太，因為她罵了你，對你來說當初她是做了壞事，結果卻是好事。」同樣一件事，一個是主觀的，一個則是客觀的，善與惡的標準就不一樣了。

三、念根增長

念根是於正法記憶不忘，時時處處修四念處；念力是因念根增長，能破諸邪念，成就出世正念功德。念念修習四念處法：觀身、觀身受、觀心念住、觀法念住，於四聖諦法，記憶不忘。

修四念處法門可使得善根增長，即為念根增長。四念處「身、受、心、法」的基礎是依據四聖諦「苦、苦集、苦滅、苦滅之道」而來。四念處有分析及理解兩種功能，可以從四念處的觀想轉變成為自己的觀念，從而體驗到「身、受、心、法」經常都是在變化的，是無常的，是空的，是無我的。

一般人將「身、受、心、法」當成是我，於是產生了種種執著，因此有苦與苦集。如果有了觀念上的轉變，順著修行離苦的方法，就可以斷苦集，而證苦滅，寂滅為樂，便是徹底離苦得樂，但這是相當不容易的事。許多人明知道佛法的觀念很好，道理很對，然而有痛苦、煩惱時，還是放不下、擺脫不了。因此，修四念處之後必須要修四正勤。

四念處的四種功能：

（一）觀身不淨

不淨可分為兩層意思。第一層是如果身體不洗澡、不漱口、害了病，就會產生汙垢油膩，或是將現在這個大殿的門窗全部關緊，幾個小時之後，就會聞到異味。觀身不淨，可以對治身體的執著，因為每個人都愛自己的身體，多數人認為自己的身體是最好的、最可愛的，只有少數人偶爾會討厭自己的身體。

另一層身體的不淨，是指因為有身體，就有了自然的生理反應，如飲食、衣著，以及性等的需求，所謂的「飲食男女」，就是食欲和性欲，這些行為為身體帶來了不清淨的業。因為身體是由物質的五根「眼、耳、鼻、舌、身」構成，由物質的五根產生了五欲，五欲的需求，便會造成種種的不善業，因此稱它為不淨。

凡夫眾生的身體通常被稱為臭皮囊，因為在皮膚下包著的是血液、肌肉、骨骼、內臟等，在活著健康的時候，這些是沒有問題的，可是一旦不健康或死亡時，皮膚下所包著的東西全部都成了廢物，甚至是有毒的東西。因此，觀身不淨有兩類，一類是肉體的本身就是不淨的；另一類則是因為有肉體，其五根會製造一些不淨的業。所以從眾生的角度來看，沒有害病時身體是清淨的，害了病之後的身體則是不清淨的。

可是從佛或解脫者的立場來看，身體是不垢不淨的，沒有什麼清淨、不清淨的問題，因為身體只是一個工具，用身體來修四念處法、修四正勤、修四如意足，這不是很好嗎？只是以眾生的立場來講，因為不知道它是不淨的，結果把它變成了一個製造惡業的機器，所以佛法要用觀的方法，教我們如何觀照身體是不淨的。

觀身體的方式有兩種：

1. 在打坐時觀：打坐時觀身，就是體驗身體的感覺、感受。剛打坐時，也許會覺得身體好自在、好舒服，等時間稍久，身體就會產生許多的問題，譬如痛、癢、痠、麻、冷、熱等，這便是不淨。

2. 在日常生活中觀：在日常生活中也可以觀自己的身體，例如最近我們有一位義工老菩薩，在關門時不小心將自己的手指壓斷了；還有一次我看到有個人站起來匆匆忙忙走出去時，把頭撞到門框上去了。這兩個例子，都說明了身體是不可靠的，事故的無常隨時隨地都可能發生，使身體受到傷害，這也叫作不淨。

但是，請諸位不要誤會身體不淨是負面的，從佛法的角度來看，觀身不淨是一種智慧，是正面的，是讓我們少一些執著，少一些心理的不平衡。因為凡夫根本不知道身體是不淨的，在遇到不淨的狀況時，無法平衡地接受這個事實；如果已經知道身體本來就是有問題的，當出現狀況時，也就不致有煩惱了。

(二) 觀受是苦

受是從身體著力的，沒有身體就沒有了著力點，所以不要以為身體不淨是不好，觀身不淨絕對是正確的。用身體來體驗身體的覺受，受是通過身體而得的心理的反應，因為身體有了狀況，才有受的反應，那便是眼睛接觸形、色，耳朵接觸聲音，鼻子接觸氣味，舌頭接觸味道，身體接觸粗、細、滑、濕、冷、暖等；也就是當五根接觸到五塵時，產生心理的直接反應，就叫作「受」。既然受的反應，是從身體的觸感而產生，所以身體是個修行的工具，如果沒有了身體，五根五力就無從修起。

受又有苦受、樂受、不苦不樂受三種：

1.苦受：佛法將苦分為三種──苦苦、壞苦、行苦，一般人所謂的苦受是痛苦、沮喪、難過，此是「苦苦」。

2.樂受：又稱為「壞苦」。有人認為只要是喜歡的事，或對身體有快感，心裡舒暢、舒服的，都是樂受。但諸位一定聽過「樂極生悲」、「春宵苦短」，因為一切都是無常的，不可能永遠保持快樂。

3.不苦不樂受：又稱為「行苦」，「行苦」的行就是色、受、想、行、識五蘊中的「行蘊」，這是一種微細的心理現象。必須要在達到相當深的禪定之後才能體驗到，因為定力是不可能持久的，再深的禪定也會退失，所以叫作行苦。有人認為入了深定之後，好像很安全、很快樂，可是出定之後煩惱照樣現前，清淨、安定的心不可能持久。另外有一種深的不苦不樂受，那是在定中，當禪定到了無念，捨去任何妄念時，只有在一片明和淨的狀況下，沒有什麼苦與樂，甚至將定中的快樂也捨去，這種不苦不樂在如此深的禪定狀況下，也叫行苦，因為即使達到最高境界的禪定，還是會退失。所以觀受是苦，是要放下所有一切的受，出離這三種苦，才能夠出離苦海而得解脫。

（三）觀心無常

心的念頭，就像瀑布一樣，水幕不斷往下奔流，看起來似乎有個瀑布，其實是一個幻象，那只是一串串的水，一直地往下流注，並沒有一個固定的瀑布掛在那裡。心念就像瀑布的水，前一秒鐘的瀑布成分和後一秒鐘的瀑布成分，早已不是同樣的東西。心念持續不斷地在轉動，看來是連貫的，其實是不同的，這便是無常。

許多人一聽到無常，就悲觀地認為一切都完了。反正是無常的，管它做什麼；反正是無常的，還需要這麼認真嗎？這些都是負面的看法，這是不懂得佛法。無常的意思是要我們在成功、快樂時，不要太得意、太興奮，快樂的成果或許還能夠持續久一些；在痛苦、悲傷時，也要幫助自己讓痛苦的時間以及程度減輕或縮短，因為痛苦也是無常的，它是會變的，這樣就不會絕望，而能夠平穩地往前走。苦也好，樂也好，以平常心來生活，生活的目的，就是希望能種善根，使五根成長。

（四）觀法無我

通常，身心都是在三種「受」與三種「苦」之中打轉，一般人將三種受當成我，也把三種苦當成我，如果能看到身心的種種現象，並沒有一個真實的我在其中，一切的身心現象的我是假的，這就是無我了。沒有那個痛苦、煩惱虛妄的我之後，只有智慧與慈悲，那就是解脫的人了。

四、定根增長

定根是攝心不散亂，制心於一境，寂靜不動；定力是因定根增長，能破一切煩惱亂想，發起諸種禪定解脫。不為色、聲、香、味、觸等五種貪欲、惡不善法所誘惑困擾，不為昏沉、掉舉、亂心所障礙，使心住於一境。於定不起執著，自在遊戲於諸種禪定。

定根是從信、精進、念，然後再修定，主要修的是四神足，四神足是修四種定的力量之後而產生的功能。「定」原則上是心止於一處，沒有妄想、雜念而進入禪定，稱之為「心一境性」。定是有層次的，世間的定是從身心輕安、未到地定、色界的定、無色界的定；可是要求解脫的定，則必須從世間定一步一步往上走，此為出世間定，也稱為解脫定。

五根裡的定根，其目的是在解脫，而解脫定又稱為滅受想定、滅盡定。那是從定境出離，不以定境為解脫，放下對定的執著，此時，不執著欲界的五欲，也不執著色界、無色界的定樂或定境，到這個層次時，就是出世間的解脫定了。

在印度，不論是在釋迦牟尼佛之前或之後，各哲學、宗教的派別，都有一個目標，就是解脫。而每一派對解脫都有不同的解釋及定義，也以不同的方式來達成解脫的目的。釋迦牟尼佛對解脫的定義、方法以及步驟，是綜合了各派的方法和觀念，再經過自己的經驗，得到一個有系統的次第，稱之為四禪八定，最後是九次第定；四禪八定是世間的定，九次第定則是八定之後的出世間定。「定根」所指的其實是九次第定，不過從輕安開始，就可以算是定的善根出現了。

也許對諸位而言，根本沒有想要入定，聽到這個「定」，不知道對自己究竟有什麼用呢？打個比喻來說，這就好比銀行裡有許多的存款，每個人都有份，都可以去提款，但是要怎麼去提、怎麼去用，就要看每個人自己的想法了。所以「定」是要從方法的練習，才能嘗到其中的滋味；其實不要說入定，即使是得到輕安，已經是很有意思的事了。

在某一次禪七期間發生了幾個有趣的故事：有位菩薩在前幾天打坐時的心是散亂的，方法也用不上，但是在回家前的兩個小時，她認為反正只剩下一點點時間，就馬馬虎虎吧，結果反而那兩個小時內，方法用得最得力。

另一位菩薩在此次禪七中是最忙的一位，不但要擦一百多個窗戶，還要監香以及照顧小參的人，但是工作多並不影響他的修行，只要開始打坐就可以連坐兩個小時，而且坐得很好。

還有一位菩薩在打坐到第四天時，居然連續坐了五個小時，對禪堂裡的狀況似乎是知道，曉得人家去吃午飯後又回來打坐，也聽到木魚聲以及引磬聲，一直等到他要方便時才起座，否則還可以繼續坐下去。在那段時間裡，身體的感覺是有的，但他覺得跟自己沒有關係。

因此，修定並不一定要入定才有用，在修定的過程中就已經在種善根了。入定是必須經過長時間的修行，普通人是辦不到的。從經典裡得知，在練習著修定的方法時，會發現自己的心非常混亂、不平衡，不容易接受自己的指揮；了解這一點之後，更應該用禪修的方法，幫助自己性格的穩定和人格的成長，減少自己與自己、自己與他人的矛盾衝突。

打坐時能夠入定，當然很好，不能入定，也沒有關係，但是修定的方法還是要用。其方法用在日常生活中，可以使得情緒平和、穩定，不受環境的影響而波動不安，這就是修定的功能。二〇〇一年九月十一日在紐約發生的攻擊事件中，我有位學生親眼目睹飛機撞上紐約世貿大樓，當時她還覺得很奇怪，飛機好像是在開玩笑似的，對著大樓直撞過去，事件發生之後，她有很長一段時間心裡無法安定，後來她來參加禪七，禪七後我問她的狀況如何？她說：「雖然心裡的影子還在，不過用方法調心之後，已經好多了！」

修定的方法能幫助我們安心，在遇到任何狀況時，心不會亂，而且會恰到好處地來處理、應變。譬如紐約世貿大樓在面前倒下時，能逃的盡快逃，能救人的想辦法救，但是心不能慌張，否則不但救不了人，自己也會非常危險。因此，修定的工夫能讓我們臨危不亂，也就能夠逢凶化吉，危險的程度就會減輕許多。

心如何能夠不受環境影響？一方面要靠觀念的調整，另一方面則要透過方法的練習。觀念是指經常要有無常及應變的心理準備。「小心」這句話是人人都會說的，但是小心往往是擔心而不等於會照顧自己，真正的照顧不是擔心，而是隨時留心自己生活的環境以及動作，準備著遇到危險發生時該如何應對，這是心理上、觀念上的準備。此外，在危險狀況發生時要如何用方法？中國的佛教徒們都會念「南無阿彌陀佛」、「南無觀世音菩薩」，將危險交給佛菩薩，心中就不會那麼恐懼了；還有，注意自己的動作，注意呼吸、體驗呼吸以及數呼吸，用這種方法來調整心情，當危機出現時，便能從容去處理而不會慌亂。

五、慧根增長

慧根是於四諦法觀照明了，是由定中觀智所起，了知如實的真理；慧力是因慧根增長，能遮止（消除）三界見、思一切煩惱，可達解脫。五根之中，以慧根為首，皆為慧根所攝。知苦諦，知苦集諦，知苦滅諦，知苦滅之道諦。三十七道品次第，全屬慧根所攝。

慧根是說領悟力很高，一聽到佛法就很容易接受，並且願意照著去做。在未開悟之前，慧根是從聽聞佛法開始，而佛法的基本道理就是四聖諦。釋迦牟尼佛最初度五位比丘弟子，講的就是四聖諦；以四聖諦證得解脫道的阿羅漢果，這就是慧根的力量。也就是說，從釋迦牟尼佛的智慧，產生了四聖諦的佛法，再用四聖諦的佛法來開發眾生心中的智慧而使眾生得解脫，此為慧根與慧力的關係。

四聖諦「苦、集、滅、道」可分為三個層次：苦、苦集、苦滅、滅苦的道。已知苦的事實，也知道苦是因何而產生，這是集；而苦則是要從修道來斷除的。苦已滅、集已斷、滅已證，能夠親自實證四諦，實證滅苦，滅苦就得解脫，所謂「所作已辦，不受後有」，就是應該要做的修行已全部做完，從此以後受苦的事實已經不存在，這就是阿羅漢了。

普通人是要從第一個層次學習起的，先要認定、了解到苦的事實，然後才會希望離苦，離苦就是要修道。前面所講的四如意足，其修行過程是在加行位的階段，而十行、十住、十迴向等三賢是資糧位，這都只是賢人的地位，尚未到達聖人的地位，修五根之中的慧根時，才是進入聖位的階段。

聲聞僧是修小乘的佛法，從五停心至三十七道品，看似需要長時間的修行，相當麻煩。可是善根深厚的人，聽到四聖諦法就能從初果、二果、三果，而至四果阿羅漢果。釋迦牟尼佛度五比丘時，一開始就跟他們講四聖諦法：「生、老、病、死是苦的事實，苦是有原因的，那是由於過去所造的業，如何來解除這個苦的事實，那就是要修行八正道。」就這樣，他們先後都證得阿羅漢果。

中國的禪宗被稱為頓悟法門，佛在度五比丘時，當第一遍講完，即刻有人證到阿羅漢果，就是徹悟了，這是因為他們的慧根深厚。而今天所說的內容，諸位能接受多少就接受多少，雖然尚未開悟，但都是有慧根的人了。慧根的深與淺是很難評斷、衡量的，不要認為聽不太懂，就以為自己沒有慧根，說不定一下子茅塞頓開，突然間就開悟了。

苦諦，苦是由集而來的，前面已說過苦有苦苦、壞苦、行苦，它是有次第的。苦苦，是最容易發現、理解的；壞苦，是可以經過回憶、思考，從邏輯推理上得到的；行苦，只有在進入深的禪定之後，才可知道。一般人不承認自己是苦的，所以不想學佛，因為根本沒想到有苦可離。就像蒼蠅、螞蟻、蚊子，牠們過得很快樂，不知道離苦。因此，只有從佛的智慧才能使我們看到、相信到、體驗到苦的事實，願意用佛法來離苦。

知苦集諦，苦集實際上就是造業，是苦的原因，造什麼樣的業就得到什麼樣的果。一般人只知道不喜歡痛苦的苦，但是在造業時往往覺得是快樂、隨性、自在的。譬如像阿富汗凱達組織的領袖賓拉登，他策畫炸毀了紐約世貿大樓，由於這樣一個造惡業的行為，美國以及阿富汗都死了好幾千人，而他自己也一直在逃亡。所謂造業的業，就是身體、語言、心理的三種行為，決定了造的是惡業或善業，形成業的性質。

一般人很難發覺心理上的造業，但是從生理的肢體造業以及語言上的造業得知，其原動力是來自頭腦裡的，因此「意業」是最根本的。即使只是在想，沒有講也沒有做，同樣也造了業。

意業又分為兩類：「思業」，是思惟上的一種意業；「思已業」，是思惟之後所產生的語言等行為。例如：如果僅僅頭腦在思考著：「我沒有錢，想去搶銀行。」但是接著又有了第二個念頭：「亂來！怎麼可以去搶銀行，這是不得了的事。」一念頭一轉就不會去做了，所以思業之後有個思已業來補充，就不一定會成為事實。又例如在馬路上看到一個女孩，心想她很漂亮，是思業，之後就一路跟到女孩的家，還繼續不斷地用語言等行動去追求她，這就是思已業了。

又譬如諸位知道我正在講「五根、五力」，於是動了去聽聽看的這個念頭，這是思業；接著就想盡辦法問路，並且來聽了佛法，就是思已業。

因此，從所造的業來講，又可分為善業與惡業，或稱為白業與黑業。白業，又可分為兩類：「無漏業」，是指修行佛法以離苦得樂，也就是依照三十七道品，次第修習，而能斷除煩惱，得究竟解脫。「有漏業」，因為做好事而結了人緣，能得好的果報，在人間、天上享受快樂，但不一定修持得解脫的法門。

無漏業與有漏業，都有共業與不共業兩種：

（一）無漏業：共業——基本修行的方法和觀念完全相同，譬如：信因果、信因緣，要持戒、修定、修智慧。不共業——有的是修聲聞道，有的修菩薩道。修菩薩道之中，有的偏重於辯論，有的偏重於布施，有的偏重於神通，這是由於不同的個性，就呈現出不同的型態，而造了不同的無漏業。

（二）有漏業：共業——是指生在同一個時代、同一個環境中的人，可能造了同樣的業、共同的業，因為過同樣的生活，受了大家共同的影響，而有了同樣的思想，於是朝著同樣的方向在思考、運作，將來的果報，可能就是生於同一個環境中，受同樣的苦與樂。不共業——是說每個人都有自己的性格、嗜好、習氣，即使生在同一個環境，也會有不同的行為表現。就像雙胞胎長大之後，慢慢地他們的思想以及行為，就不會完全相同了，他們即使是在造共業的同時，也造了不共業，將來受報時，也就會有差異了。

從共業與不共業的造作，就能理解到為什麼在同一環境、同一時代裡生活的人，會有不同的遭遇及待遇。有的人生活得很快樂，物質豐富，朋友很多，做任何事都非常順利；有的人物質貧乏，社會關係很孤獨，做任何事都不順利；有的人身體健康，有的人不健康，原因就是過去所造的業裡有共業與不共業。如果不從這個觀點和信仰去思考，就會抱怨說：「父母真是不公平呀，為什麼把我的兄弟姊妹生得這麼聰明漂亮，卻把我生得笨笨醜醜的！」也有人在遇到災難或不幸事件時，就會罵天罵地：「老天對我這麼不公平，真是瞎了眼了！」如果相信有共業、有不共業，相信因為自己曾經造了種種和他人的共業及不共業，如今才會有這樣在同中有異的結果，也就不至於再罵天罵地了。

前面說過，思業、思已業是有好有壞的，好的思業、思已業就是要發願，發悲願、發弘願，發度眾生的願。發願不是只發一次，要繼續不斷地發，然後照著去做，這一生沒有做完的，發願下一生繼續再做。因此，在這一生中，如果發生了不如意或不幸的事，可能是因為善根、慧根形成，在過去世發了願要幫助人，而在此生現身說法，來奉獻、救人、救世界，結果自己受苦受難了，從思已業的觀點來說，造的便是善業。以此角度來看，九一一事件的罹難者，也可以說都是過去發了願的；我們要相信是由於他們的思已業，使得這個世界能夠更加和平相處，同時提高警覺，不再有恐怖的事件發生。

五力的功用

如同之前曾經提到的，五力是三十七道品的第五科，是依據第四科的信、精進、念、定、慧的五根而生起五種力用，都有破惡成善之功，所以稱之為五力。五根與五力彼此是有互為因果的關係，五根的每一種善根都是有力量的，那個力量就是功能，根據這五種善根再繼續修行，就叫作五力。

以下列舉出五力的功用：

信力：是依信根增加，對佛、法、僧三寶，堅信不壞，能破一切疑惑，不受邪信所迷。

精進力：是依精進根增上，斷一切惡，修一切善，能破身心懈怠。

念力：是依念根增長，能破一切邪妄不善之念，成就出世離苦的正念功德。

定力：是依定根增長，能破一切欲煩惱想，發起禪定解脫。

慧力：是依慧根增加，能夠遮止三界見、思二惑，而得解脫，證阿羅漢果。

五根五力的經證及論證

在《大藏經》中，對於五根五力也有多處提及。分別為：

一、《雜阿含經》卷二十六第六四七經

信根：「若比丘，於如來所，起淨信心，根本堅固，餘沙門、婆羅門、諸天、魔、梵、沙門、婆羅門，及餘世間，無能沮壞其心者。」

精進根：「已生惡不善法令斷，生欲方便，攝心增進；未生惡不善法不起，生欲方便，攝心增進；未生善法令起，生欲方便，攝心增進；已生善法住不忘，修習增廣，生欲方便，攝心增進。（四正斷）」

念根：「若比丘，內身、身觀住，慇懃方便，正念正智，調伏世間貪憂；外身內外身，受心法，法觀念住，亦如是說。」

定根：「若比丘，離欲惡不善法，有覺有觀，離生喜樂，乃至第四禪具足住。」

慧根：「若比丘，苦聖諦如實知，苦集聖諦、苦滅聖諦、苦滅道跡聖諦如實知。」

第六五四、六五五、六五六、六五七、六五八經，均云：「此五根，一切皆為慧根所攝受。」「如是五根，慧為其首，以攝持故。」六五九經云：「何等為慧根，於如來，初發菩提心所起智慧，是名慧根。」

二、《增一阿含經》卷四十二〈結禁品〉第四十六第八經

信根：「賢聖弟子，信如來道法。」

精進根：「身心意并勤勞不倦，滅不善法，使善增益，順心執持。」

念根：「所誦不忘，恆在心懷，總持不失，有為無漏之法，終不忘失。」

定根：「心中無錯亂，無若干想，恆專精一意，是謂名為三昧根。」

智慧根：「知苦、知習、知盡、知道。」

三、《俱舍論頌疏論本》卷二十五

三十七覺分，實事唯十：

四念處、慧根、慧力、擇法覺支、正見——以慧為體

四正斷、精進根、精進力、精進覺支、正精進——以勤為體

四神足、定根、定力、定覺支、正定——以定為體

信根、信力——以信為體

念根、念力、念覺支、正念——以念為體

喜覺支——以喜為體

捨覺支——行捨為體

輕安覺支——以輕安為體

正語、正業、正命——以戒為體

正思惟——以尋為體

四、《瑜伽師地論》卷五十七

「問信根誰所依處？答趣入善法之所依處。
問精進根誰所依處？答已入善法，恆常修習之所依處。
問念根誰所依處？答正知而行之所依處。
問定根誰所依處？答智見清淨之所依處。
問慧根誰所依處？答煩惱永斷之所依處。」

五、《大智度論》卷十九

信道及助道善法——信根
行是道助道法時，勤求不息——精進根
念道及助道法，更無他念——念根
一心念不散——定根
為道及助道法，觀無常等十六行——慧根

（信根、精進根、念根、定根、慧根為五根）

是五根增長，不為煩惱所壞（五力）

五根、五力：「五根五力行眾中攝，常共相應，隨心行心數法，共心生、共心住、共心滅。若有是法心隨正定，若無是法，心墮邪定。」

「菩薩摩訶薩，觀五根、修五根。」

信根：「信一切法，從因緣生顛倒妄見，心生如旋火輪、如夢如幻。信諸法不淨、無常、苦、無我，如病、如癰、如刺、災變敗壞。信諸法無所有，如空拳誑小兒，信諸法不在過去、不在未來、不在現在，無所從來，滅無所至。信諸法空、無相、無作，不生不滅、無信相無相，而信持戒、禪定、智慧、解脫、解脫知見。得是信根故，不復退轉。

以信根為首，善住持戒，住持戒已，信心不動不轉，一心信，依業果報，離諸邪見，更不信餘語，但受佛法、信眾僧，住實道中，直心柔軟能忍，通達無礙，不動不壞，得力自在，是名信根。」

精進根：「晝夜常行精進，除卻五蓋，攝護五根，諸深經法，欲得、欲知、欲行、欲誦、欲讀、乃至欲聞。若諸不善惡法起，令疾滅，未生者令不生；未生諸善法令生，已生令增廣。亦不惡不善法，亦不愛善法得等。精進直進不轉，得正精進。定心故名為精進根。」

念根：「菩薩常一心念，欲具足布施、持戒、禪定、智慧、解脫，欲淨身、口、意業。諸法生滅，住異。智中常一心念。一心念苦集盡道。一心念分別根、力、覺道禪定解脫，生滅入出。一心念諸法不生不滅，無作無說，為得無生智慧，具足諸佛法故。一心念不令聲聞辟支佛心得入，常念不忘。如是諸法甚深清淨觀行得故，得如是自在念。是名念根。」

定根：「菩薩善取定相，能生種種禪定，了了知定門，善知入定、善知住定、善知出定。於定不著、不味，不作依止，善知所緣，善知壞緣，自在遊戲諸禪定。亦知無緣定，不隨他語，不專隨禪定，行自在，出入無礙，是名為定根。」

慧根：「菩薩為盡苦聖智慧成就，是智慧為離。諸法為涅槃。以智慧觀一切三界無常，為三衰三毒火所燒，觀已於三界中，智慧亦不著，一切三界，轉為空、無相、無作解脫門。一心為求佛法，如救頭然。是菩薩智慧無能壞者。於三界無所依，於隨意五欲中，心常離之。慧根力故，積聚無量功德，於諸法實相，利入無疑無難。於世間無憂，於涅槃無喜，得自在智慧，故名為慧根。」

「菩薩得是五根，善知眾生諸根相（諸種根器相）。」

五力：「菩薩行是五根增長，能破煩惱，度眾生，得無生法忍，是名五力。復次，天魔外道不能沮壞，是名為力。」

問答

問：對一個深信因果的佛教徒來說，九一一事件並不是一件讓人非常害怕的事，但是我有一些同事，他們並不是佛教徒，也沒有因果的觀念，根本無法接受在同一時間內死了那麼多人的這個事實，要如何去開導他們呢？

答：方法很簡單，在遇到任何狀況出現時，要用四句話來回應：「面對它、接受它、處理它、放下它。」因為逃避是沒有用的，必須面對這項事實，接受這項事實，然後用智慧或能力範圍內的各項資源來處理，處理完之後就不必再為這樣的事情擔心、恐懼、害怕，而要將它放下，這是最好的辦法。

譬如說，在紐約世貿大樓事件喪生的有二千四百多人，如果說這些人在過去世都是做了壞事，所以一起死亡了，這樣的講法，對亡者是不夠慈悲，也不夠尊敬的。兩年前臺灣的九二一大地震，也有二千三百多人往生，那時我就曾說過：「那些在災難中往生的人，都是菩薩，他們現身說法，奉獻自己的生命，讓後人學習、成長，能夠有預防、改善的心理、心態，因此，這些人是在替大家奉獻，我們應該感恩他們，他們都是救苦救難的菩薩。」這樣的說法，是對那些在災難之中過世的人們的一種尊敬。

經過這次恐怖事件之後，美國政府以及所有的美國人，乃至全世界的人們，在各方面都會成長，所以這些往生者，就是我們的老師。

問：感恩師父在一連串的講座裡，將題目引申至九一一事件，也很高興自己今天能來聽聞佛法。我還想進一步知道除了來聽聞佛法、修行、布施、助人之外，還有什麼其他的事情，可以使得世界更為和平？

答：有的。第一是用宗教的祈禱，第二則是對周遭的朋友們，以佛法來幫助他們，不一定要用佛學的名詞，而是用佛法的觀念。法鼓山團體在九一一事件之後，能做的盡量在做，除了募款、捐款之外，在九一一滿一百日時，也到災難現場做了灑淨的儀式。同時，我也很努力地在幫助聯合國解決世界宗教的問題，並且將我們的理念及方法，告訴世界上的每一個人。

問：釋迦牟尼佛成道時，悟到從生至死，有一個無所不在的苦在那裡，這跟師父所講的共業與不共業的觀念，是否有關係呢？

答：有關係的。因為大家造了共同的業因，所以感到共同的苦果；這個娑婆世界是個苦的地方，由於我們共同造了苦的業，所以在共同的環境中，感受到苦的果報。但是，可以在觀念上將態度調整過來，雖然是住在苦的娑婆世界裡，但是在感受上可以是不苦的，至於如何做到情緒上的調整，那就要用修行的方法了。

問：當眾生發現從生至死，都是苦的事實時，不是會很悲傷嗎？

答：如果能將觀念轉過來，了解我們到這個世界上來是為了完成任務，就不會悲傷了。以我來說，已經七十多歲了，還有那麼多的事情要做，如果我的觀念不正確，那不就每天都會抱怨著說：「我又沒有欠你們什麼東西，怎麼你們老是來找我嚕囌啊！」

（二〇〇一年十月二十一日，十一月十一、十八日，十二月二、九日等五日，講於美國紐約東初禪寺，姚世莊居士整理）

伍、七覺支講記

三十七道品第六科

近幾年來，我都是在講解三十七道品這一個主題，這是佛法的基本修行方法。能夠修成三十七道品，就能得解脫，在上座部或者對小乘佛法而言，可證得阿羅漢果，就大乘佛法而言則是可以成佛。三十七道品本來是小乘的教法，但是在大乘的經典以及論典裡，都主張修行菩薩道，也應當要修三十七道品，只是修行的態度不同。

因此，三十七道品原則上是聲聞法，好像是為解脫道而說的，可是三十七道品從聲聞的立場來看，它是聲聞法；從大乘的立場來看，則是成佛的菩薩法。所以我講小乘的聲聞乘，也要講大乘的菩薩乘。

但為何不直接只講大乘法呢？因為一開始就講大乘法，可能會不切實際，所講的會和身體及心理所實行的不相應。因此，我們不能否定小乘佛法，要知道小乘的佛法是基礎，是必須的。

三十七道品稱為道品次第，也就是次第的修行方法有三十七種，分為七大科：第一科「四念處」，第二科「四正勤」，第三科「四如意足」，第四科「五根」，第五科「五力」，第六科「七覺支」，第七科「八正道」。從第一科四念處至第七科八正道，一個段落一個段落，一個層次一個層次地往上修。而在每一科之中，也有其次第；譬如四念處的次第，是先從觀身開始，再觀受、觀心、觀法，名為「別相念」，然後任修一觀即含攝四觀，名為「總相念」；其他的每一科也都有次第或不次第。

前五科先前已講完，並集結成書。七覺支是三十七道品之中的第六科，是由修行觀慧及禪定而入無漏道法的次第道品。

這七科之間看起來，似乎沒有什麼關係，事實上是有次第以及前後關係的。中國禪宗不講次第法門，但也並非全然如此，只是不把次第當成是究竟的。禪宗並不否定三十七道品修行次第的功能，所以中國禪宗還是有從最基本的五停心開始修的，接下來就進入三十七道品的第一個階段「四念處」的觀身、觀心，因此次第的修行方法還是存在的。

所謂五停心觀，就是能讓散亂的妄想心，變成集中心以及統一心的五種方法，那就是：不淨觀、慈悲觀、因緣觀、念佛觀、數息觀。五停心觀是在尚未修行四念處之前必須具備的修行基礎，也就是禪定的基礎，有了集中心和統一心之後，才算進入三十七道品的第一階段。

最近我去了一趟大陸，參訪一座古老的禪宗寺院，他們告訴我，每天要禪坐十支香，一支香差不多一小時至一個半小時，這等於整天都在禪坐。我問他們說：「每天坐十支香，一定很多人開悟了。」他們回答：「哪裡，我們只是練腿而已。」曹洞宗的修行方法就是「只管打坐」，坐也能坐出些道理來的，能夠一天坐十支香，一連坐幾年、幾個月，這也是很不簡單的。

古來傳統的禪師們是很少講三十七道品的，因為這是次第法，而非頓悟法門。我則試著把次第法門當成頓悟法門的基礎，能頓則頓，不能當機開悟的人，就從三十七道品來著手修行練習，之後再用頓悟的禪法，與三十七道品接軌，那就很容易得力了。

何謂七覺支？

一、七覺支的名稱

七覺支是三十七道品的第六科，為什麼稱它為七覺支？意思是說，在修行這七個項目之後而能開悟，也就是說，這七個項目是開悟的條件。

七覺支有幾種不同的翻譯法，介紹如下：

七覺支——新譯：七種悟道的修行項目

七覺意——古譯：七種有助於智慧開發的道品

尚有：

七覺分——《雜阿含經》

七菩提分——《仁王護國般若經》、《阿彌陀經》、《大乘同性經》

七等覺支——《集異門足論》

略稱「七覺」

覺支——廣義稱三十七道品皆為覺支，狹義但以七菩提分為覺支。

凡是在唐玄奘三藏之前所翻譯的經論，稱為古譯；從玄奘三藏開始，經論翻譯名詞的習慣用法，則稱之為新譯。所以「七覺支」是新譯，「七覺意」則是古譯，意思是七種覺悟的道理，或者是七種覺悟的思惟法。

此外在《阿含經》，特別是在《雜阿含經》裡，稱它為「七覺分」，實際上「分」與「支」的意思相同，是指在不同階段及過程中修行的七個項目。而在大乘經典中，稱之為七菩提分，是七種得到覺悟的次第修行方法。

七覺支的梵文是 sapta-bodhy-aṅgāni。sapta 是「七」，bodhy 是「覺」，aṅgā 是「意思」或者是「項目」。其實，三十七道品裡的三十七個項目都可稱為覺支（bodhy-aṅgā），只不過其他六科都另有自己的名稱，沒有用覺支這兩個字，所以就被第六科獨用了。就像我們這個團體裡的東方人，都有英文名字，也許其中有人沒有英文名字，人們不知該如何稱呼，只有稱呼他為東方人，似乎東方人變成他一個人，其實東方人並不只是一個人而已。同樣地，西方人到了臺灣，那些我們叫不出名字的，也都稱之為外國人。

二、七個項目

何謂七覺？根據阿含部的《般泥洹經》卷上所示，以巴、梵兩種語文對照如下：

般泥洹經	巴利文	梵文
1.志念覺	sati-sambojjhaṅgā	smṛti-saṃbodhyaṅga
2.法解覺	dhamma-vicaya-s.	dharma-pravicaya-s.
3.精進覺	viriya-s.	vīrya-s.
4.愛喜覺	pīti-s.	prīti-s.
5.一向覺	passaddhi-s.	prasrabdhi-s.
6.惟定覺	samādhi-s.	samādhi-s.
7.行護覺	upekhā-s.	upekṣā-s.

七覺支的意義

新譯七覺支的七個名詞，依次是：念覺支、擇法覺支、精進覺支、喜覺支、除覺支、定覺支、捨覺支。根據《阿含經》的排列，一開始就修念覺支的四念住，由四念住而開發智慧；但是在大乘經典裡，也有將擇法覺支放在第一覺支，第二才是念覺支。將擇法覺支放在第一的原因，是先借佛之智慧、佛的正見，來做為行者選擇法門的一個標準，知道了何謂善的正法、何謂不善的非正法，然後才開始修行。

七覺支的意義是什麼？內容又是什麼？以下逐項介紹：

一、念覺支

念覺支，修行道品之時，常念於定與慧均等。

念覺支，就是使心念集中，從散亂心而成集中心，由集中心而成統一心。也就是在修行道品次第時，常常要思惟；思惟，就是觀照。而且非常用心地注意它、留心它，留心自己的智慧和禪定是同樣的重要。實際上念覺支就是四念處，時時將心專注於禪定和智慧同等重要的狀況。

四念處是三十七道品中的第一科，分別為觀身、觀受、觀心、觀法等四個項目，其內容是：

（一）觀身——身有三十六物，多觀其不淨

三十六物分為三類：內身十二物，是在身體內，包括肝、膽、腸、胃、脾、腎、心、肺、生臟、熟臟、赤痰、白痰，是眼睛看不到的。外身十二物，是在身體的外部，包括髮、毛、爪、齒、眵、淚、涎、唾、屎、尿、垢、汗，用眼睛可以看得到的。身器十二物，是支持身體的皮、膚、血、肉、筋、脈、骨、髓、肪、膏、腦、膜。

（二）觀受——受有五種：苦受、樂受、憂受、喜受、捨受，多觀苦受

受是身體的直覺，有了直覺之後，心會產生苦、樂、不苦不樂等各種反應。舒服是樂受，不舒服是苦受，沒有什麼舒服不舒服的，則是不苦不樂受。對可能發生的苦受，產生憂受；對已發生及未發生的樂受，形成喜受。若以苦苦、行苦、壞苦

而言，則諸受無一非苦。

（三）**觀心**——心有五蓋：貪欲、瞋恚、掉悔、睡眠、疑，多觀其無常有了受之後，就會有反應，那就是心的活動。對於樂的事，會貪著、追求，希望保留它，不要失去，甚至希望得到更多一些；對於苦及不快樂的事，會瞋恨、討厭，希望趕快離開它。一個是貪，一個是瞋。

遇到快樂的事，心裡很興奮，遇到不快樂的事，心裡很沮喪，便是掉悔；在不苦不樂時，因為無聊沒事做，很可能就會打瞌睡，便是睡眠；有時甚至會懷疑自己是快樂或是不快樂，也弄不清楚究竟是真的還是假的，便是疑。若能觀知心念剎那生滅，即知心是無常的。

（四）**觀法**——法有五蘊的善、不善，多觀其無我

法，主要是指五蘊構成的色、心二法，由此衍生出我們對好或不好、善或不善、有益或無益等虛妄執著，若能清清楚楚知道，萬事萬物皆由緣起緣滅而有，自性本空，這便是觀法無我。

我們很少會想到自己的身體是由三十六物組合起來，只會想到這個身體是「我」，執著於喜歡和不喜歡——我好舒服、我不舒服，我好可愛、我好可惡，我

好美、我好醜，我好幸福、我好可憐……，很少能真正客觀地觀察到，身體就是身體，內臟就是內臟，五官就是五官，皮膚筋骨就是皮膚筋骨，那不是我；如果認定身體就是「我」，因此執著身體，那就會有很多煩惱了。

最近有位女士，醫生為她檢查之後，要她開刀治療，她很緊張地來見我說：「師父，我要進醫院開刀，我很怕痛，也怕弄不好可能會死。」

我說：「怕痛，會痛得更厲害；怕死，會死得更快一些。開刀時應該這樣想：這個身體正在接受治療，沒什麼好怕的，如果真會死，怕也沒有用；不害怕，生命力便會堅強些，活的機率高一些。」

她聽了我的意見，就進醫院開刀。開刀之前醫生問她要全身麻醉還是半身麻醉，全身麻醉是開刀時沒有知覺，手術後恢復得慢一些；而半身麻醉，只是開刀的地方不會痛，但意識清楚，手術後恢復比較快。她因為用了我教她的方法，知道怕也沒有用，於是就用半身麻醉，而且一邊開刀還一邊透過鏡子欣賞醫師為她開刀的過程。開完刀之後很快就恢復了，之後她來見我說：「師父，開刀一點也不可怕，開刀只是醫生在開這個身體的刀，跟我沒有關係。」這就是用觀身的修行法了。

最近我自己也有類似的經驗，我到醫院檢查胃，當胃鏡從喉嚨插到胃裡時，是有點不舒服；但是醫師一邊檢查，我一邊在螢幕上，清清楚楚看到胃裡的狀況。我欣賞著這個胃，胃壁是長得怎麼樣，好像我也跟著鏡頭在自己的胃裡探索。檢查過後發現胃裡邊長了一塊小小的息肉，醫師拿了個小夾子將息肉拿掉，流了一點血，當時我並沒有想到這是我的胃；息肉拿掉後，我也沒有感覺到我的胃裡曾經被拿掉過什麼東西，只是在觀這個身體。當時我如果想著這是「我」的胃，我的胃被醫生夾掉息肉，那麼我可能就會緊張了。

觀身觀成功，就能夠清楚地觀受；觀受觀成功，一定能夠清楚地觀心；觀心觀成功，一定能夠清楚地觀法。這就是修行四念處的完成。

二、擇法覺支

擇法覺支，依智慧簡擇法之真偽，取真實而捨虛妄。也就是依四聖諦法，如實簡擇而得道法無漏——簡擇善法、不善法。

擇法，是依據釋迦牟尼佛所說的觀念和方法，做為基本原則，來簡擇修行的方法。知道簡擇，才會知道修行是否正確。如果不知方法和觀念的正確或錯誤，修行不可能離苦得樂，反而會招致更多的煩惱與痛苦。

擇法覺支中的法，是指真實法或虛妄法，善法或不善法。善與不善，又分世間及出世間兩類。世間的善法是五戒十善，不善法是五逆十惡；出世間的不善法是諸煩惱心，善法是道品次第的解脫法。

此處是指對於出世間的善、不善法，如果能夠清楚地了解，辨識離開煩惱的虛妄法，而朝真實的解脫法努力，或者是離開不善法而朝著善法的方向走。依四聖諦法，從愚昧走向智慧，從瞋恨走向慈悲，從執著走向解脫；也即是從世間苦集的有漏因果，轉化為出世道滅的無漏因果。如果能夠隨時如此抉擇，就是步步接近解脫的道路。

我們再回過頭來看「觀身」，如果把身體當成是不變的、真實的，這就是虛妄法、就是惡法。如果已能觀照身體，知道這個身體是暫時的現象，認知它不是真實的，便是善法。身體的本身無所謂善或不善，如果執著身體，把幻軀當成是真實的自我，就會形成煩惱。如果運用身體修行三十七道品，肉身便是法身的基礎。

「受」也絕非真實，它是非常主觀的。譬如身體接受同樣的摸觸，有時有快感，有時又會感到不舒服，這跟當時的心境有關。心境好時，以苦為樂、苦中作樂、雖苦猶樂。如果心境不好，即使吃喝玩耍，也會認為是在受苦。

「心」是無常的，不管是什麼樣的心念活動，都是暫時而非永恆。

「法」是五蘊皆空，因緣有而自性空，任何一法，只要不執著，便都不是我。

我年輕時認識一位朋友，有一次他被一個女孩子打了耳光之後，還高興了好幾天，老是摸著自己的臉說：「我終於被她打了一個耳光。」當時我實在沒有辦法想像，被打了還會那麼高興，是什麼道理？他的身體被打痛了，竟然如此快樂，請問：這在擇法覺支中，是善還是不善呢？

三、精進覺支

精進覺支，簡擇真實的正法，專心精進不懈怠，依四正斷（四正勤）為著力點。

選擇了正確的佛法以及修行的態度之後，才能開始精進修行。否則可能是盲修瞎練，如同盲人騎瞎馬，夜半臨深淵。最近我到芝加哥演講，有人問我：「修行會不會走火入魔？」我說：「會的，這有兩個原因：（一）沒有老師，端憑自己苦修瞎練，當身心有反應時，不知如何處理，或認為那便是開悟；（二）遇到的老師本身，就是用盲修瞎練出來的魔法，當然就會入魔了。」

因此，必須要選擇正確的修行方法，最好還要有具備正確修行方法的老師來指導，這樣才不會有問題。也許有人會問：如果根本不知道誰是正確的老師及正確的修行方法，該怎麼辨呢？所以，應該具備對基礎佛法的認識。

首先，要了解因果的觀念，相信因果的觀念之後，就不會做壞事，不會投機取巧，不會不想付出只想得到，因為做了壞事一定會有壞的結果，希望有好結果就要做好事，一定要有這樣的因果觀念。

其次，要有因緣的觀念。一切現象，都是因緣生、因緣滅，都是無常而非永恆，都是空的，沒有真正的「我」或「我的」價值在其中。

基本佛學中的「四聖諦」是因果法，「十二因緣」是因緣法及因果法，不可不知。如果了解因果及因緣的道理，就能從佛法的指導中得到智慧，並且依此準則來選擇修行的方法以及指導修行的人。

三十七道品前面的四念處、四正勤、四如意足、五根、五力等五科，都是正確的佛法，知道之後就要好好精勤努力地修行。這裡的精進覺支似乎與第二科四正勤類似，不過四正勤是針對修四念處而言，而此處則是以四正勤的態度來修以上的五科。因為前五科是從觀而修定，觀的時候能產生智慧，然而這個智慧很薄弱、不夠強，所以要繼續修定；修定的同時再修觀，修觀之後繼續加強修定。精進覺支是將前五科一起精進地修，以產生更深的定慧功能。

諸位可能會誤解，修行一定要三十七道品逐步修完，其實不然，如果是善根深厚的人，只修四念處也能證阿羅漢果，而得解脫。一般人則還是要從修四念處開始，一科一科依次往上修。七覺支又稱七菩提分，是七種可以開悟得解脫的方法，如果尚不得解脫，還有最後一科「八正道」可修。不過，不論是否解脫，多聽、多聞、多熏習，沒有善根的也會培養出善根，不懂修行的也會修行了。

所謂精進，是指對已在修行的善法，要繼續努力修行使其增長，尚未修的善法，要立即開始修；未斷的不善法，要趕快使之斷除，尚未發生的不善法，從此不讓它生起。用這樣的方式持續不斷地修行，就是精進覺支。

如何發起精進心修行呢？譬如說，發願從此以後不說壞話，不做壞事，雖然一時之間還沒有辦法不存壞念頭，只要發覺之後馬上告訴自己：「不要繼續再起壞念頭」就好了；至於沒有做過的壞事、沒有說過的壞話，就使之不再增加。

一般人做好事，還是希望得到回饋，這樣還不夠好，必須更進一步，做任何事不求回饋，因為期待回饋的心，便是煩惱心。得到回饋，就會驕傲歡喜；不見有回饋，就會怨怒瞋恨，這都是煩惱心。

有的人誤以為精進是不吃、不喝、不睡、不休息地修行；其實，如果這樣拚著命修行，那是著魔了，不是正確的精進。正確的修行是從調飲食、調身心、調呼吸、調睡眠打基礎，稱為前方便；然後細水長流、綿綿不絕，不緊張、不鬆懈地修行。因為身心緊張會出問題，懈怠則會一事無成，不能得力；因此，一定要不急不緩，很有毅力、恆久持續地不斷努力，這才是正確的精進。

一位修行人在做任何事，都可以用精進心，只要有精進心，就能夠安定身心。例如我跟我的侍者說，他為我煮的那種小黃米，有許多是連著殼的，那些小米殼，經常會鑽到我的牙縫裡，最好將它撿出來。侍者回說：「小黃米帶不帶殼，不容易看得出來。」

於是我就請他把米拿來，讓我自己找。就這樣，時間一晃就過了一個半小時，雖然我找的是一粒一粒帶殼的小黃米，其實一顆顆都成了我修行的方法。因為我的心很安定，完全專注在有殼的小黃米上，一逮就是一個，雖然我這個老人的眼力並不好，但逮得還滿準的。對我來講，這一個半小時一下子就過去了，也不覺得累，而且還很喜悅。

中國佛教徒之中流行這樣的一句話：「學佛一年，佛在眼前；學佛兩年，佛在天邊；學佛三年，佛在西天。」意思是說，剛學佛時還滿精進的，心中有佛、有佛法，覺得真有用。到第二年，覺得要修行成功還早得很，漸漸就懈怠了，所以得到的利益自然不多。等到第三年，反正沒有修行，不想修了，心中的佛也就不見了，這就是不精進的緣故。如果有精進心，不論能不能立竿見影地得到成就，每天都會持之以恆地用方法、用觀念，這才是叫作精進修行。

昨天有位在家弟子問我：「師父，當境界現前時，要用什麼方法？」所謂境界，就是使自己煩惱、困擾，掉入各種誘惑、威脅的陷阱中，產生憂愁、恐懼以及悲歡離合等狀況。我的回答是：「首先要把當前的狀況看做是無常；接下來要認清，這些天外飛來的俊男或美女、誘人的錢財及食物，或是有個非常風光顯赫的權位等著你，都可能是別人設計好的陷阱和圈套，必須小心遠離。」凡是遇到這種狀況時，如果觀身不淨、觀受是苦、觀心無常、觀法無我都不成；只有先觀自己的呼吸，向內觀照心的反應，能夠如此，就有了修行的著力點，不至於一下子就掉進陷阱裡去了，這也就是精進。

我有幾個經驗可供諸位參考。當我在日本留學快要完成博士學位時，日本跟臺灣斷絕邦交，謠傳在日本留學的臺灣學生，全部要換成中國大陸護照，否則就要被趕出日本；因此使得數以千計的臺灣留日學生，人心惶惶，不知怎麼辦才好。我有一位教授很同情我，有一天他介紹一對母女來看我，女孩二十多歲，母親五十歲左右，見面之後又要我去她們家坐坐，她們家是一座寺院。

當天晚上我的教授打電話問我：「今天來看你的那對母女，你覺得那個女孩怎麼樣？」

我說：「那個女孩很好啊，我準備到她們的寺院去看看。」

教授又問：「嗯！很好，很好，你知道去做什麼嗎？」

我說：「我不知道。」

他說：「是這樣的，那個寺院的住持剛剛過世，現在要招一個和尚女婿，如果找不到和尚女婿，母女倆就要被趕出寺院，他們的大本山會另外派人接管。」

日本的和尚是可以結婚的，那對母女對我印象不錯，所以希望我去做和尚女婿。

當我明白後就跟教授說：「謝謝你的關照，可惜我是個中國和尚，我是不能結婚的。」

在那樣混亂的國際局勢之下，如果我接受了這樣的安排，除了有身分之外，還有一位太太跟一座寺院。在當時，這是一個很大的誘惑。

另外還有兩次誘惑，都是要我去做官。臺灣在國民黨政府的時候，要我擔任國大代表，我婉拒之後還告訴我說：「這不是選的，是政府給的國大代表，像于斌樞機主教就是國大代表。」第二次是在今年，行政院要給我一個相當於政務委員層級的官，好多弟子都來勸我接受，並說：「師父，這是佛教的光榮。」我說：「阿彌陀佛！我只適合當和尚。」

我不是說做官不好，而是我不適合做官。我做和尚，懂得精進，扮演其他的角色，可能就不一定做得稱職了。

四、喜覺支

喜覺支，安住於真實的道法「四念處」及「四正勤」，而有喜悅。

精進修行之後，會產生喜悅的心。因為懂得佛法的觀念和方法，可以調整心態，幫助自己不會掉入種種陷阱中受苦難而產生煩惱。例如本來人生觀是很消極悲觀的，知道佛法之後，就會覺得有無限的希望，很歡喜、很幸運。又例如，當你的心受到刺激而生煩惱，正在痛苦不安的時候，用佛法向內心觀照，體驗自己的情緒反應，覺察到那些讓你痛苦不安的心念，本身是虛幻的、是空的，如此一來，心情就會平靜。

所以喜悅有兩個原因，一是用觀念轉變自己，另一是用方法幫助自己。只要認真地用觀念，耐心地用方法，而且不要有急切的得失心，自然而然會產生法喜及禪悅的效果。

修行喜覺支，至少可得兩種喜悅：

（一）聽聞佛法，得法喜：在未聽聞佛法之前，有許多的觀念不正確，常常跟自己過不去，內心跟內心、內心跟外境，會產生種種的矛盾和衝突。聽了佛法所講的因果、因緣，緣起無常、緣起自性空、空故無我等道理，當然會歡喜。諸位聽過「當頭棒喝」、「醍醐灌頂」嗎？聽聞佛法之時，心胸豁然開朗，而有如釋重負的感覺，就是法喜。

（二）修行禪定，得禪悅：修行禪定時，身心輕鬆、平穩、寧靜，就會產生一種禪定的喜悅，此時的禪悅，是一種輕安、無累的享受，不是刺激性的興奮。禪定的層次有「四禪八定」，大略又可歸類為集中心、統一心、無心三類，能得集中心及統一心，便得禪悅，亦稱定樂；能得無心，即見空性，終得解脫，便是解脫的自在歡喜了。

目前在臺灣的法鼓山上，有不少西藏喇嘛前來修學漢傳佛法，他們是從西藏流亡到尼泊爾或印度，輾轉到了臺灣，現階段不願再回西藏，可是他們每天都過得很歡喜。有些居士無法了解，就問他們說：「你們已經離開西藏，流亡在外，怎麼還會那麼歡喜呢？」

喇嘛們說：「西藏雖然不能回去，可是我們非常幸運，經常可以聽佛法、用佛法、講佛法，當然歡喜了！」他們並不一定打坐，但懂得用佛法來觀想、自處處人，便沒有困擾的問題了。

反觀有些中國的佛教徒，認為生死就是苦，人間是苦海無邊，只要未得解脫、未斷生死，就當愁眉苦臉、如喪考妣。這真是顛倒！那是對佛法一知半解，並未修持佛法。只要聽懂佛法，能用佛法，隨時隨地都應該是歡歡喜喜的。

五、除覺支

除覺支，又名輕安覺支。由觀慧、正念、正精進的喜悅，而得除去身心的粗重，感受到身心的輕利安適。

有了喜悅之後，會產生輕安的反應。輕，是沒有重量；安，是平實安穩。輕安，是用禪修的方法來幫助自己、調整身心，漸漸地，身與心的負擔都會消失。

修行到了身與心都沒有負擔的感覺時，可能還知道有環境，風聲、雨聲、車聲、人聲等都還聽得到，不過已不是對立的，而像是跟自我合而為一的——住在房子裡，房子也就是自己；坐在墊子上，墊子就是自己，在這種狀況下，一切都是那麼地順利、適意、舒暢、有默契。

六、定覺支

定覺支，心一境性，名為定，便是不昏沉、不散亂，住於四禪定相。

輕安的進一步是禪定，禪定有兩類：

（一）小乘的定：沒有前念與後念，心止於一，停留在一個念頭上，這是次第禪定。從初禪至四禪，四禪含攝八定，乃至進入解脫定。

（二）大乘的定：心可以有念頭，但是不受環境狀況的影響而有起伏、波動，這是定慧不二的如來禪或祖師禪，也就是中國禪宗所講的「道在平常日用中」，從知見的導正、智慧的開啟，轉變了對於事物原有的態度。把世間的顛倒見扭轉過來之後，便不會隨波逐流，被境界之風捲著走了。這就是定慧均等的工夫。

禪定的修行，若談到四禪八定、九次第定，似乎聽起來很困難；若用中國禪宗的大乘禪定，不論是用話頭或默照，只要一念與方法相應，便是相似的心一境性，就得輕安。輕安的程度深，那就是禪定。

心一境性，是指心念反覆地停留在某一個心境上。譬如諸位現在正聽我說法，很明確、很清楚地在聽，什麼雜念都沒有，沒有善惡是非的分別，只是在聽，專心聽的時候就如同心繫一境。因此，禪修者在平常生活中，練習著吃就是吃、喝就是喝、工作就是工作、走路就是走路、休息就是休息，也即是心繫一境的意思。

修次第禪定是漸進的、次第的，到了深定之中，連時間及空間感也會消失。這種深的禪定，跟以下的兩種狀況是不一樣的：（一）被人在頭上打了一棒，昏厥之後失去知覺，什麼都不知道，直到恢復知覺，頭腦才開始發生作用。在失去知覺的那一段時間中，頭腦沒有作用。（二）無夢的熟睡狀態，醒來時才發現已過了好幾個小時。

以上兩種狀況，都不是定，因為修定的人出定之後，在一段時間內，身心是非常輕鬆、快樂，不受刺激、誘惑的影響，會是個有修養的人。但是，在被打擊昏厥之後醒過來的人，頭腦是不清楚、不舒服的；而熟睡之後醒了的人，體力雖然恢復了，但當被刺激或受誘惑之時，不會因為熟睡之後，人格就更加健全。

七、捨覺支

捨覺支，又名護覺支。捨外境之心，捨一切所緣對象，由住於一直心，而發空慧。捨「善」與「不善」二法，捨「斷（遠離想）」、「無欲（想）」、「滅（想）」之三界。

禪定是非常好的，但如果貪著禪定的定樂，便是一種執著。一般的人只要有一些禪定的經驗，就會經常獨自坐著享受定樂。不論從小乘或大乘禪的角度來看，這樣的修行就稱為「冷水泡石頭」，既不能入深定，更不得解脫，因此必須要一層一層地捨。

前面談過的喜、輕安、定，都是不同層次定樂的享受，可是正確的佛法，是一切外境及心境的執著都要解脫——苦受要解脫、樂受也要解脫，苦、樂、憂、喜，全部都要捨卻，才能稱為覺支。

捨所緣的境，也要捨能緣的心，此即住於一直心，而發起無我無相的空慧。也就是逐一捨卻色、心二法的能、所二相，捨無可捨之時，便得涅槃解脫。

七覺支中最重要的，就是捨覺支，捨去一切，才能有空慧所證的解脫境現前。從經典來說，捨有捨善、不善的二法，又有捨斷、無、滅的三界。

《阿含經》中的七覺支修持及其功用

一、先行修持

具足善根之人，已親近善知識、聞善法、生淨信、正思惟（如實作意），正念正智，具護諸根，具身口意三妙行，修四念處，修七覺支。

這是說，已經具足善根或已親近善知識的人，必須要聽聞善法，生起清淨的信心，然後對自己所聞之善法，如實思惟。這是先要具足正念、正智慧，然後保護眼、耳、鼻、舌、身、意六根，勿受色、聲、香、味、觸、法六塵的汙染，便能轉身、口、意三業為三妙行，再從四念處著力修持而進入七覺支的階段。

善根　許多人都說自己沒有善根，煩惱很重，請問在座的諸位，你們算不算是具有善根的人呢？如果你們沒有善根，今天怎麼會在這裡聽聞佛法呢？只要有親近善知識、聽聞佛法的意願和因緣，就是有善根的人了。例如有人偶爾打開收音機，正巧有人在講佛法，便是因緣來了；也有人在我們禪中心（Chan Center）門前等公車，因為車子久久不來，就好奇地想看看禪中心究竟是做什麼的，進來之後我們給他一份資料，看了覺得還不錯，結果下次就來親近道場。這些人都是有善根的。

過去有一位替我做英語翻譯的王明怡居士，他因為頭痛而來跟我聞佛法學打坐，半年之後頭不痛了，他就死心塌地為我義務做了二十年的口譯工作。還有一個例子是，有一位牧師帶他的太太來跟我學打坐，他太太上了兩堂課之後，便再也不去教堂了，因為我教她的方法，將她二十多年的失眠症治好了。事實上，這都不是我的力量，而是源於他們自己的善根。

還有一位在航空公司服務的地勤人員，有次去日本出差，回來後就高燒不退，醫生也看不好。有人跟他說：「聖嚴法師今天要上飛機，你可以請他幫忙。」就在我臨上飛機前，他的同事便要我幫他的忙，我就拍了他一下肩膀說：「好了，沒事的啦！」說完我就上飛機了。結果這位地勤人員真的就退燒了，於是到處替我宣傳說：「聖嚴法師真靈啊！我燒了好幾個月，被他一拍，就好了。」其實，我不相信自己有此能力，而是他自己的善根因緣。

親近善知識　「知識」是指與自己有互動、有關係的朋友。朋友有兩類：（一）善知識：是對我們有益的善友、益友、諍友、良友。儒家所主張的「友直、友諒、友多聞」，也是指的善知識。（二）惡知識：是對我們無益的惡友、損友、劣友、險友。既然無益，為何又要結交如此的朋友呢？那是因為臭味相投，故又被稱為狐群狗黨。例如賭友、酒友、毒友，都是惡知識。

聽聞善法　善法是能夠幫助我們去除煩惱，生起智慧心和慈悲心的方法及觀念。沒有智慧，會讓自己生氣、不快樂，也容易受他人影響而起煩惱；沒有慈悲，容易使得與我們有互動關係的人不快樂、受傷害。所以，使自己快樂，是智慧；讓他人快樂，是慈悲。我們在書本上看到善法，或聽到善法之後，如果生起信心，照著實踐，對己、對他人，都是很有用的。所以在聽聞善法之後，應身體力行、繼續實踐。

生淨信和正思惟　淨信，是清淨而正確的信心，這有兩個原則：一是在觀念上具有佛法的正知見，也願意接受這樣的正知見；另一個是在用了佛法之後，從經驗上得到利益而生起堅定的信心，這也就是正思惟。就像有一對夫婦，他們同時罹患了癌症，說起來這是很遺憾、很痛苦的事，我知道後在電話中用佛法勉勵他們，要他們有願心、有信心；後來他們兩個人病都好了，就發願在法鼓山美國分會長期做義工。這也是因為他們有善根，所以能親近善知識、聞善法、生淨信、正思惟，他們的例子，就是現身說法的菩薩。

正念正智，具護諸根　正念是與正法相應的心念，正智則是與煩惱不相應的心念，隨時隨地用正確的佛法，便能少煩少惱；經常以佛法做觀照，便是正思惟。

諸根是指眼、耳、鼻、舌、身、意的六根；經典中比喻守護六根，好像烏龜為了保命，必須把頭尾四腳藏在殼內。要使六根獲得清淨，不受六塵汙染、刺激、誘惑是很不容易的，所以要經常地全面守護。就像我戴的眼鏡，如果要它永遠保持乾淨是很難的，因為經常有各式各樣的灰塵、髒東西汙染我的眼鏡，我必須時常擦拭它、保護它。

過去有位美國青年，跟我學佛十多年，常來參加精進禪修。每次禪修結束，都會有授五戒的儀式，他說他剛打完禪七時，五戒守得都很清淨；兩個月之後，漸漸地就一條戒、一條戒地破了。然後他就再來打禪七、再受戒，如此一次次地重複著。他問我：「破了戒要怎麼辦呢？」我說：「知道破了戒，就要懺悔，有戒可破是菩薩，無戒可破是外道，總比從來都不持戒，不斷地做壞事要好得多了。」護諸根，是小心保護六根，並非學佛的人從此就不再犯錯，犯了錯，懺悔、改過，繼續持戒護根就好。

能守護諸根，一定能夠用身體、語言、心念來修行善法。能守護諸根的人，修習四念處、七覺支等，便容易得力了。

具善知識、善伴黨、善隨從；未生之五蓋不生，已生之五蓋令斷。便能修七覺支了。

有了善知識，還要有同修善法的伴侶、精進淨信的弟子。跟著具正見、有道心的伴侶，互相勉勵、共同學習，使得未生之五蓋不要再生起，已生之五蓋盡快斷除。

五蓋主要是在打坐、修禪定以及修七覺支的過程中，所遇到的五種障礙。蓋，是指將能開啟智慧心和慈悲心的功力蓋住了，因為當有貪欲、瞋恚、睡眠、掉悔、疑等五蓋生起時，任何善法也無從修了。不論是貪著順境、瞋惡不順境，都是修行的心理障礙；昏沉、睡眠使人無法用功；散亂、掉悔使人心不安定；狐疑不信三寶、懷疑自己沒有善根，修行便不得力。只要有了五蓋中的任何一蓋，修行之時，便會發生身心的問題而容易退失道心。

今年春季，在象岡道場的一次禪十修行期間，有一位初次來參加禪修的女教授，在禪堂裡很不舒服，熬到第五天時，她開始懷疑自己大概是沒有善根的人，不適合來禪修，修了對她也沒有用。既然如此，還在這裡掙扎什麼呢？於是站起身來，準備離開象岡，臨走之前，又覺得對不起師父，也對不起佛，於是面向佛像頂禮三拜。可是，當她拜完佛、看到佛像時，身體上的不舒服感竟然全部消失了，抗拒修行的心也沒有了。當下她反省到過去這幾天，都是由於自己的執著，求好心切，結果愈來愈不能安心；反而在準備放棄之時，因為不再急於追求成效，所以變得輕鬆起來。於是重新回去打坐，從第六天直到禪十圓滿，她愈坐愈好。

聞妙法已，身正、心正，爾時次第修七覺支。

所謂次第修，就是從七覺支的念、擇法、精進、喜、輕安、定、捨，一個一個逐次修行。在聽聞微妙的佛法之後，就可開始修行七覺支了，但要有正確的身體坐姿，以及正確的心念。

正思惟，未起之七覺支令起，已生之七覺支令增廣。

思惟不是思想，而是時時刻刻做觀照，清楚知道要照著七覺支的次第修起，精進不懈。尚未修的七覺支，要趕快修；已經修的七覺支，則要繼續修，使得力量更強，範圍更廣。

有食有不食——

七覺分依食而住：於七覺分，逐一如實思惟。

七覺分不食：於七覺分，不逐一如實思惟。

七覺支，可以一個項目一個項目地次第修，名為「依食住」，亦名為「逐一如實思惟」；也可以整體來修七覺支，名為「不食」，亦名為「不逐一如實思惟」。這有點像四念處裡的別相念與總相念。別相念，是一個念處一個念處地逐次分別修；總相念，則是在每一個念處內就包括了其他三個念處。所以七覺支的七個項目，可以逐項思惟，也可以只思惟某一個項目，而其他六個項目也都含攝在其中了。

二、七覺支的修習

依遠離，依無欲，依滅，向於捨。——《雜阿含經》卷二十七第七二九經（《大正藏》冊二，頁一九六上）

遠離、無欲、滅，稱為三界，依此三界，就能趨向於「捨」了。所以行者首要遠離所有障礙修行的人、事、物，否則就無法修行。其次要無欲，修七覺支不僅要離開五欲，心中也要沒有想得到什麼欲求。第三要滅，滅除貪、瞋、睡眠、掉悔、疑的五蓋煩惱，凡是有煩惱出現時，隨時要將它化解。

二十多年前，有位年輕的居士來跟我學禪修，他非常用功，可是他的父母要他結婚，他問我說：「師父，我想結婚，但是結婚是不是一種障礙？」

我說：「你既然想結婚，還問我做什麼？如婚姻對你造成干擾、困擾，就是障礙。如果結婚之後，太太是你的助道因緣，那就是菩薩伴侶而不是障礙。這要看你娶的是怎麼樣的太太了。」

他很高興地說：「對，我娶太太，就是要度一個眾生啊！」

婚後不久，他又來跟我說：「師父，我太太從小是在教會學校讀書的，她說如果我願意去教堂，她將來也會來我們的寺院，我準備把教堂裡的人都度過來。」

後來他生了孩子又來問我說：「師父，佛教徒的小孩要到七歲才能皈依，而基督徒的小孩出生之後，馬上就可以受洗。我太太的意思是先讓孩子受洗，七歲時再來皈依三寶。」奇怪的是，不但他的太太、小孩，始終沒有來過寺院見我，從此之後，連他自己也不見了。他要度眾生，結果反被眾生度走。

其實，結婚並不是壞事，如果在婚前跟太太或先生說好，請對方來皈依三寶，或來參加幾期禪修，這樣修行就不會變成障礙了。否則好像只有躲到山裡出家，才能修七覺支，其實這是錯的，不論在家、出家，任何人都能修七覺支的。因為釋迦牟尼佛教導的三十七道品，是對僧、俗、男、女四眾弟子而講。在家人要完全遠離、無欲、滅貪瞋等五蓋，雖是不可能的事，但在修行生活中，隨時練習依此三界，便能對身心的安定、觀念的調整，產生很大的幫助。

七覺分漸次而起，修習滿足。——《雜阿含經》卷二十七第七三三經（《大正藏》冊二，頁一九六中）

如內身身觀念住，如是外身、內外身，受、心、法法觀念住，當於爾時專心繫念不忘，乃至捨覺分亦如是說。如是住者，漸次覺分起，漸次起已，修習滿足。佛說此經已，諸比丘聞佛所說，歡喜奉行。——《雜阿含經》卷二十七第七三三經（《大正藏》冊二，頁一九六中）

經典告訴我們，七覺支如果要修圓滿，必須從四念處開始修起，先觀身，包括觀內身、外身、內外身，也就是觀身體的三十六物之後，再依次觀受、觀心、觀法，繼續不斷、專心不忘，這就是七覺支的念覺分。

念覺分是七覺支中的第七覺支，何以經文此處是放在第一？因為正在修時，定與慧同時要照顧到，四念處重在觀慧，是入手工夫。故在經論中也有將念覺支，置於第一覺支的。修完念覺分，再修第二、第三……，依次修到第七的捨覺支。每一個覺支都不能離開身、受、心、法四念住，否則便失去著力點。

善知方便修七覺分。——《雜阿含經》卷二十七第七一九經（《大正藏》冊二，頁一九三下）

修七覺支一定要很清楚地知道，是從去除五蓋，修四念處觀等方法，來調適身心，這叫作善知方便。方便就是用適當的方法，便利在修行過程中，順暢獲益。從佛法的立場來看，凡是用語言、文字來表達的理論觀念及方法技巧，都稱之為方便。對不同的人、在不同的狀況，運用不同的角度和層次，來協助他們獲得法益，即是方便。

所謂對症下藥，百人各有百病，百病各有千症；即使是同一個人在不同的時間，也會生不同的病，即使是同樣的病，也有千變萬化的症狀。智者會針對病症，給對治的醫療和藥物，不能用死方法來治變症，修行七覺支也是一樣，就是要善知方便。

佛法也有各種不同的層次，給予不同的方便，這個方便是針對眾生的煩惱病而說的法。所以釋迦牟尼佛所說的任何一法，全部是方便法。而真實法是不可能用語言文字來表達的，也就是禪宗所講的直指人心的教外別傳，又稱為不可思議境界。

不過，請不要把沒有原則的隨便，誤以為是方便。例如有一個早春的下午，我在外面弘化，忘了帶禦寒的衣物，天氣卻突然轉涼，我覺得很冷，有位好心的男居士願把他的大衣借給我披。正好旁邊有位穿著毛皮大衣的女居士，說她的大衣很暖和，要我換上她的衣服保暖。請問諸位，我能不能穿上那件大衣呢？

不要說我是個和尚，即使是一位男居士，披上一件女人的毛皮大衣，也是很奇怪的事。

方便不是隨便，還是應該有它的原則。也許有人會問，如果只有那一件毛皮女大衣，而我又非常冷，不穿就會凍出病來，穿了又不像樣，怎麼辦呢？很幸運，我還沒有遇到過這種窘況，讓諸位自己去參這個公案吧！不過，在戒律裡，是允許比丘在冬天穿獸皮的，但不是女性穿的款式，而且規定必須是自然死亡後的獸皮。

善巧方便，取內心相，攝持外相。——《雜阿含經》卷二十四第六一六經

（《大正藏》冊二，頁一七二下）

這三句經文的意思是說，修七覺支的時候，要有善巧方便，向內觀照心的狀況，既已向內觀心，心外的種種狀況，便已攝歸內心。其實只要你的心向內觀，即可不受外相的影響；因此今日南傳佛教所授的四念處法，即名內觀法門，乃以內觀攝持外相。

向內觀心是「取內心相」，以觀心而使身心及環境統一，便是「攝持外相」。外相，並不一定是身體以外的人、事、物，身體的狀況也是外相。初修之時，往往要以外相的呼吸，做為心之所依，也就是要有外相，做為所緣境。心安之後，始攝外相的呼吸而內觀於受、心、法的苦、無常、無我。

善繫心住，知前後昇降。——《雜阿含經》卷二十四第六一五經（《大正藏》冊二，頁一七二中）

所謂「善繫心住」，是指已懂得如何把原本散亂的心念，用方法使之繫於一境。就像有一種稱為引磬的法器，有一條繩子連繫一根金屬棒及一根引磬口上，永不離開，相互為用；也像猴子被鏈條繫在樁上，便不會闖禍。心住一境，便能得定。

住是住於一境，而非思前想後的散亂狀態，也就是止於一念的定境。不過心住於一境，並不等於日思夜想的迷情，例如曾有位男士聽了我說的定境之後，便告訴我說：「修定我懂了，只要心裡老想著同樣的一件事，就是入定了。我也有過這樣的經驗，當初我在追女朋友時，日日夜夜都思念著她，連茶飯也沒有味道，這就算是入定吧？」

當然不是入定；這是男女之間癡情迷戀。愛情的執著，是一種情緒的持續，入定則是輕安心的增長，平靜心的持續，所以對愛情會有「意亂情迷」的形容；修定是由集中心而進入統一心的定境，名為繫心於一境。

所謂「知前後昇降」，是指清楚前一念與後一念的狀況，前一念修別相念，後一念轉為總相念，是昇；前一念修總相念，後一念退為別相念，則為降。前一念總修七覺支，後一念逐一修七覺支，是降；前一念逐一修七覺支，後一念總修七覺支，便是昇。若在修定之時，則以昏沉為降、掉舉為昇，心明為昇、心暗為降。

隨時對治。

於心微劣猶豫時、於心掉舉猶豫時，合法適時修七覺分。

知道前後昇降的狀況，就要隨時隨地對治「微劣猶豫」及「掉舉猶豫」的兩種狀況，才能如法而適時地修七覺支。佛經告訴我們，在心念微劣猶豫、提不起勁時，或是在心念掉舉猶豫、浮動不安時，應該及時用方法來調理，才能順利修行七覺支。

猶豫，是對自己、對方法沒有堅決的信心；微劣的狀態，是心力不夠，或者體力不濟；掉舉的狀態，是身心浮躁、忽昇忽降。

三、修持七覺支的功德

生病時治病。——《增一阿含經》卷三十三〈等法品〉第三十九第六經（《大正藏》冊二，頁七三一上）。

對治貪欲、瞋恚、睡眠、掉悔、疑等五蓋。——《雜阿含經》卷二十六第七〇

四、七一一經，卷二十七第七一四、七一五、七一七、七一九、七二五經（《大正藏》冊二）。

能作大明、能作目，增長智慧，轉趣涅槃。——《雜阿含經》卷二十六第七〇六、七〇七經，卷二十七第七一三經（《大正藏》冊二）。

善積聚、成不退轉，令眾生清淨，離諸煩惱。——《雜阿含經》卷二十六第七〇八、七〇九、七一一經，卷二十七第七二〇、七二五、七三一、七三二經（《大正藏》冊二）。

得心解脫、慧解脫，四種聖果、七種福利。——《雜阿含經》卷二十六第七一〇經，卷二十七第七三四、七三五、七三六、七三九、七四〇經（《大正藏》冊二）。

對治七使。——《增一阿含經》卷三十四〈七日品〉第四十之一第三經（《大正藏》冊二，頁七三九上）。

貪欲使者。念覺意治之。瞋恚使者。法覺意治之。邪見使者。精進覺意治之。欲世間使者。喜覺意治之。憍慢使者。猗覺意治之。疑使者。

定覺意治之。無明使者。護覺意治之。——《增一阿含經》卷三十四〈七日品〉第四十之一第三經（《大正藏》冊二，頁七三九上）

由經文中得知，修行七覺支可以治療我們的身心諸病，而得身心的健康。因為修七覺支的調心，必先調身、調睡眠、調呼吸、調飲食，所以既能治煩惱諸病，也必能有益四大色身的調和。

大乘經論中的七覺支

大乘和小乘不同的地方，是在於大乘重視生活，重視人與人之間的互動關係，小乘則比較重視個別的出離行。因為我是大乘禪法的傳承者與修行者，所以在講《阿含經》的七覺支時，已將大乘的精神涵融於其中。接下來便來看在漢譯的大乘經典中，對七覺支的講述。

一、《維摩經》卷中〈問疾品〉

雖行七覺分，而分別佛之智慧，是菩薩行。

意思是說，雖然修行小乘的七覺支，可是不要被小乘法所限制，應該了解、認知、體會佛的廣大智慧，用這種態度來修行七覺支，那便是大乘的菩薩行。佛的智慧，包括佛智、不思議智、不可稱智、大乘廣智、無等無倫最上勝智，做為一個菩薩，就要學習用佛的智慧，來看所有的人、事、物，能夠如此，雖然自己還不是佛，但是心量與佛是相應的。

小乘修七覺支的目的，是令行者自己能從煩惱得解脫，其他的人是否解脫，端賴各人的因緣善根。但對大乘的菩薩行者而言，是以成就國土、利益眾生為目的，所以要說：「自己未度先度人，正是菩薩初發心。」菩薩修行七覺支，是為了利益眾生。例如讓大家都有自由之時，我們的自由便不會受到阻礙，讓大家都能有安定的生活，我們的生活一定沒有問題，以利益他人來保障自己的利益，是最可靠最安全的。所以大乘佛教是不管一切眾生是否有善根來修行，都應該要努力促成他們見到佛性。

二、龍樹《大智度論》卷十九

菩薩於一切法，不憶不念，是名念覺分。

意思是說，大乘菩薩於一切法，既不回憶、也不繫念，是七覺支中的「念覺支」。所謂「一切法」，在經論中有許多的表達方式，基本是指佛說的法聚及法義，在法聚的三藏十二部及法義的四諦、三學、三十七道品、解脫道、菩薩道之中，又說了色、心二法：五蘊、十二處、十八界法，以及有為無為、有漏無漏法、世間出世間法，乃至唯識論所說的五位一百法等。

大乘的菩薩在修念覺支的時候，對這些「法」是不憶、不念的。不像小乘的念覺支，是觀照四念處的身、受、心、法，那是有所憶念的。此處的不憶不念，即是於念而無念，頓斷對一切法的攀緣心及依賴心，猶如禪宗菩提達摩所說的「理入」和「絕觀」，直入不思議的空、無相、無願的三解脫門。

一切法中，求索善法、不善法、無記法，不可得，是名擇法覺分。

在《阿含經》中的擇法覺支，是簡擇善法及不善法而為擇法的功用。大乘的擇法覺支，是從直體諸法自性空的角度切入，一切法既然都是自性空，哪裡還有善、不善、無記可供簡擇呢？

小乘所講的擇法，是指用佛之教法，包括法聚及法義做為標準，來審思簡別，確定哪些是佛所說善法、不善法、無記法，當依善法修行，捨卻不善法及無記法。但《大智度論》講的，就不一樣了，凡有分別善與不善，仍舊落於法的執著。

對於凡夫及小乘而言，必定有善、不善、無記的三法之別。例如曾有位年輕人在結婚的蜜月過後來見我，我問他新婚的太太好不好？他說：「在結婚之前，我認為她樣樣都好，結婚一個月後，我也說不上來她究竟是有多好或有多不好。」

另有一個女孩子結婚一段時間後，就來跟我抱怨說：「算命的人真是騙人，當初憑八字算命說，結婚之後一定會很好。我先生在婚前對我百依百順，要什麼有什麼，婚後就原形畢露，漸漸地，他的狐狸尾巴都露出來了。」

我告訴他們的方法是，結婚就是結婚，結婚之後要彼此適應，彼此包容。人，怎麼可能十全十美，這世界上沒有完美的男人或女人，只有用自己的智慧心及慈悲心去適應，用平常心來看一切事物，便沒有什麼好或不好的問題。有的情人就是喜歡被他所愛的人輕輕地打、俏俏地罵，認為打是情、罵是愛，不打不罵似乎就是不關心了，這究竟是好還是不好呢？恐怕是因人而異了。

只要自己的心態改變，環境也會跟著改變，世界上沒有真正絕對的好與壞。這並不是說世界上沒有善人與惡人，而是自己的心，不受善與惡的影響，不會因為情緒波動，而生煩惱，如果能用智慧來處理事，以慈悲來關心人，也就不見有常人所說的善、不善法了。

在我們紐約的禪中心，也常常會發生這樣的情況：有些中國人的家庭，老人家是信佛的，過世之後，留下了破舊的佛經、佛菩薩像、錄音帶、佛書，但是他們的兒子媳婦不信佛，也不先向我們問一聲，就把這些東西送來了。常常按了門鈴之後，就把好幾箱東西往門口一放，掉頭就走，等到我們開門之後，要找他們也找不到了。請問：那些是善人還是惡人？這是好事還是壞事？不論如何，我們生氣也沒有用，還是要妥善處理比較重要。

不入三界，破壞諸界相，是名精進覺分。

此處的三界，可能是指不入遠離、無欲、滅的三界，而能破壞諸界之相。但我們亦可解為：不進入欲、色、無色的三界，確能破壞三界的生死塵勞相，便是菩薩所修的精進覺支。小乘人是從三界的生死塵勞網中，精進修行七覺支，才能出離三界。大乘菩薩，雖然處身三界，不見有三界相，所以等於未入三界，已破界內及界外的一切相。

於一切作法，不生著樂，憂喜相壞故，是名喜覺分。

意思是說，大乘菩薩修行喜覺支時，於一切的緣生諸法，知是空無自性的，所以不會生起愛樂的執著之心，也是因為菩薩觀照諸法空相，對一切法，亦不起或憂或喜的心理現象。即是以平常心，面對一切因緣法，所以不起貪著、欲樂的心，也就不致有憂慮、喜悅的心，這才是喜覺分。這與《阿含經》所見喜覺支的修行態度，是不相同的。

於一切法中，除心緣，不可得故，是名除（輕安）覺分。

意思是說，大乘菩薩修行除（輕安）覺支時，頓觀一切法的空性之中，心念是沒有落腳處的。既無心的落腳之處，也就沒有心的所緣境可除去；沒有心的對象，也就沒有心念可得，也就沒有身心的負擔，這便是輕安。其實這是以如實的智慧觀照一切法，無一物可獲得，亦無一物可捨除，才是絕對的輕安。

知一切法常定相，不亂不定，是名定覺分。

意思是說，大乘菩薩在修定覺支時，覺知一切法，恆常是定相的本身，既然常在定相中，所以也無亂心及定心的心相分別可得，才是絕對的定相。若以此與小乘定的心一境性，乃是從散亂、集中、而統一的次第禪定相比，是很不相同的。

這也跟《法華經》所說的「法住法位，世間相常住」相同。一切法相，即是本相、實相，一切法雖各有各的位置，而其實相本空，如如不動，永遠相同。這是用空慧來照見世間的一切現象，五蘊法皆空，一切現象的自性本空，所以從來不亂，亦不必有定，才是菩薩的大定。

於一切法，不著、不依止，亦不見是捨心，是名捨覺分。

意思是說，大乘菩薩在修捨覺支時，於一切法上，由於照見諸法自性本空，因此既不執著，也不依賴，所以也沒有捨心可見，無一物可捨，才是真捨。

小乘的捨覺支，是修禪定的必備條件；修次第禪定，必須捨不善法而進取更上一層的善法，必須一層又一層地把所經驗到的禪定相捨棄，最後才得解脫。大乘的捨覺支是直下觀照——沒有能捨的心，沒有所捨的境，實際上就是照見諸法自性本空，所以不必捨一切法，只要不執著一切法、不依止一切，當下便得大解脫。

三、天台智顗的《法界次第初門》卷中

擇法覺分——智慧觀諸法時，善能簡別真偽，不謬取諸虛偽法。

精進覺分——精進修諸道法時，善能覺了不謬，行於無益之苦行，常勤心在真法中行。

喜覺分——若心得法喜，善能覺了此喜不依顛倒之法而生，歡喜住真法喜。

除覺分——若斷除諸見煩惱之時，善能覺了除諸虛偽，不損真正善

根。

捨覺分——若捨所見念著之境時，善能覺了所捨之境，虛偽不實，永不追憶。

定覺分——若發諸禪定之時，善能覺了諸禪虛假，不生見愛妄想。

念覺分——若修出世道時，善能覺了常使定慧均平。

若心沉沒，當念用擇法精進喜等，三覺分察起，若心浮動，當念用除捨定等三分攝，故念覺常在二盈之間，調和中適。

（本文於二〇〇二年四月二十八日，五月十二日、十九日，十一月三日、十日、十七日、二十四日，十二月八日，共八個場次，講於美國紐約東初禪寺，姚世莊居士整理錄音帶，由我親手刪增，成稿於二〇〇三年七月七日，時錫於紐約象岡道場）

陸、八正道講記

何謂八正道？

八正道（āryāṣṭāṅgika-mārga）的八個條目為：正見、正思惟、正語、正業、正命、正精進、正念、正定，是基本的佛法，乃是四聖諦中滅苦的道聖諦，指的是如何使煩惱的眾生，從苦惱和痛苦中出離。

出離就是解脫，一般人在生活中，有的是心理的苦惱，有的則是在觀念上的掙扎。多數人以為心理和觀念似乎是相同的，其實並不相同。觀念上的掙扎，是一種思想；心理上的困惑，則是一種情緒。思想可以用理論及邏輯來說明解釋，所以在觀念上，往往屬於理性的掙扎；而情緒則是心理的活動，它不屬於理性，是一種感情的掙扎。

八正道就是要解決我們人類的這兩種困擾：一是思想的、觀念的，另一個則是心理的、情緒的。

八正道的前兩個項目「正見」及「正思惟」，主要是處理和解決觀念及思想上的顛倒，從困擾中獲得解脫。至於其餘六項，是處理心理上、生活上的一切煩惱。能夠從這兩類的煩惱得到解脫，就是出離三界，證得阿羅漢果了。

八正道的地位

八正道為三十七道品的七科之一，也是聲聞出世道品次第中的第七科。前六科是以四念處（又名四念住）修觀慧、修禪定，配合四聖諦，次第證聲聞道品。第七科八正道是依四聖諦的正見、正思惟，實踐身、語、意的清淨無染行，精進於正念及正定而超凡入聖，故又名為八聖道、八聖道分、八支聖道、八賢聖道、八正聖道、八正聖路、八正法、八正路、八直道、八品道，亦即是求趣涅槃的八種道支（品）。

所謂聲聞的道品次第，就是初果須陀洹、二果斯陀含、三果阿那含、四果阿羅漢。八正道是根據四聖諦而得正見，正見則是以四聖諦來看此人生，從苦及煩惱而得解脫的快樂；正思惟，是很正確地作意，真正而如實地認知，並與無漏的慧學相應。然後實踐身清淨、口清淨，語言以及身體的行為不再惹起煩惱，而得清淨心，此中包括了八正道的正語、正業、正命等三個項目。

接著要以精進的心來修行四念處，從四念處而修習正確的觀慧。有了四念處來配合四聖諦，必定可以得到無漏的智慧而得解脫。依循八正道，能使充滿煩惱的凡夫，轉變為具有甚深智慧的聖者，也就是「所作已辦，不受後有」的阿羅漢。

八正道，也是求得涅槃的八種修道條件。涅槃又稱寂滅，寂滅是不生不死、解脫生死，從此不再受三界中的流轉生死之苦。所以世尊成道後，初度五比丘，所轉的四諦法輪，主要就是講生、老、病、死的苦（果）、苦集（因）、苦滅（涅槃）、滅苦之道（八正道）。

八正道是捨苦樂二邊的中道行

《中阿含經》卷五十六〈晡利多品〉《羅摩經》第三有云：

五比丘，當知有二邊行，諸為道者所不當學：一曰著欲樂下賤業凡人所行，二曰自煩自苦，非賢聖求法，無義相應。五比丘，捨此二邊，有取中道，成明成智，成就於定，而得自在，趣智趣覺，趣於涅槃；謂八正道，正見，乃至正定，是謂為八。——《大正藏》冊一，頁七七七下—七七八上

根據這段釋迦牟尼佛在《羅摩經》裡所說的經文，說明世間有樂行與苦行這二種邊行，不在這一邊就是在那一邊，然而此二邊行都不是修行解脫道之方法。茲介紹二邊行如下：

樂行 在古印度有一類思想，佛經中稱為順世外道，是唯物論的快樂主義派，認為人生在世間的目的就是為了享受而追求快樂。快樂主要是從眼、耳、鼻、舌、身五根而得；看到的是美色，聽到的是妙音，聞到的是好香，嘗到的是美味，觸受到的則是柔軟、細滑、輕鬆。生而為人的價值，就是要享受五欲，否則死後還歸地、水、火、風的四大，不再有未來生；若不享樂，便失去做人的意義。但是要滿足五欲是永遠不可能的，正所謂欲無止盡，帶來的結果還是煩惱，而非真正的快樂。例如歷史上有些君王，過著窮極奢華的生活，不僅僅享受物質欲、權力欲，也享受了名望欲，可是享受愈多，接踵而至的衝突、麻煩也愈多，下場也就愈悲慘。這是凡夫，而非聖人的行為。

苦行 為了希望從煩惱得解脫，認為一定先要讓自己受苦，受的苦愈多，煩惱就愈輕，以為苦受夠之後就可得解脫。佛經裡記載，在釋迦牟尼佛時代有些苦行外道，為了求生天而修苦行。或以草為衣，或以樹皮、樹葉為服；或只吃草木、花果、牛糞、油滓；或一日、二日、三日一食；或以塵土荊棘加身；或者投淵、赴火、常翹一腳、五熱炙身；或常臥於灰土、荊棘、惡草、牛糞之上；受持牛戒、狗戒、雞戒、�戒；經常以灰塗身，或將自己的身體埋於地下，唯露一頭面在外；或者每天有若干時間浸在水中；或者每天花幾小時將自己的兩隻腳倒吊在樹上，希望以此等修行而得生天。過去在中國大陸曾看到有人在夏天穿了很厚的棉襖，到冬天則每天赤腳在冰雪中行走；在臺灣也曾看過有人每天對著強烈的陽光睜眼看兩、三個小時，他們認為受苦愈多，罪業也消得愈多。

其實像這樣的苦行是不可能得解脫的，因為這是屬於「邪見」及「戒禁取見」的欲樂行及自苦行，均非正道，亦非中道。苦行往往會被認為是精進修行，但是釋迦牟尼佛說，以苦為因，得到的是苦的結果。煩惱是在心，並非讓身體受苦之後，煩惱就會消失。佛說修道要修中道行，中道是不苦也不樂；佛法的修行者既不是為貪求欲樂之享受，但也不許自苦其身心。人的基本生活是必須的，如果刻苦得不穿衣、不居舍，學水中的魚蝦、林中的鳥獸，這都不是佛法。

八正道是不苦、不樂的中道行，是滅苦的道聖諦。生、老、病、死是生命本身的過程，是苦的結果，所以稱之為「苦苦」。凡夫在人生的過程中，欲界有五欲的欲樂，色界、無色界有禪定的定樂，但這都是暫時的樂，無法永遠保持不變或者不消失，所以稱之為壞苦。如果修行八正道，就可以從煩惱、生死永得解脫，也就是從苦苦及壞苦中得解脫，而到達聖人的層次，以寂滅為樂。

釋迦牟尼佛並不否定世間的現法樂，但是欲樂的時間很短，是暫時的；定樂的時間雖然較長，但也是無常的。因為進入再深的定也會出定，當定力退失時，定樂便會漸漸消失。最好的樂是解脫樂，從此以後不會再與自己的觀念起衝突，也不會再與自己的情緒起衝突，自己的前念與後念不會矛盾，外在的環境不可能影響到內心。因為心很清楚地知道外在的環境，只是一個現象而已，跟自己沒有一定的關係。此時已經沒有自私自利的自我中心的執著，能夠不受環境狀況的影響，也不受身體狀況的影響，這叫作解脫樂。

例如：當釋迦牟尼佛知道他的父親過世後，回到故鄉處理父親的後事，甚至為父親抬棺送葬。佛是個大解脫的人，可是他還是一個人，父親也還是他的父親，應該盡人子之責。但因為已是圓滿的覺者，所以不會因為父喪而悲傷，而且他的父親雖然未得解脫，可是已經聽到佛法，將來必定會得解脫的，這便是悟道者的標準典範。

八正道的定義

《中阿含經》卷七〈舍梨子相應品〉《分別聖諦經》第十一云：「云何苦滅道聖諦？謂正見、正志、正語、正業、正命、正方便、正念、正定。」若以梵漢對照，則如下列：

一、正見 Samyag-dṛṣṭi
二、正志（正思惟）Samyak-saṃkalpa
三、正語 Samyag-vāc
四、正業 Samyak-karmānta
五、正命 Samyag-ājīva
六、正方便（正精進）Samyag-vyāyāma
七、正念 Samyak-smṛti

八、正定 Samyak-samādhi

依據《中阿含經》卷七〈舍梨子相應品〉《分別聖諦經》第十一對解說八正道的共同基本句型是：「念苦是苦時，習是習、滅是滅、念道是道時，或觀本所作，或學念諸行，或見諸行災患，或見涅槃止息，或無著念，觀善心解脫時。」下接八正道的各項道品內容：

正見是：「於中擇、遍擇、決擇擇，法視、遍視，觀察明達。」

正志是：「於中心伺、遍伺、隨順伺、可念則念，可望則望。」

正語是：「於中除口四妙行，諸餘口惡行，遠離除斷，不行不作，不合不會。」

正業是：「於中除身三妙行，諸餘身惡行，遠離除斷，不行不作，不合不會。」

正命是：「於中非無理求，不以多欲無厭足，不為種種伎術咒說邪命活。但以法求衣，不以非法；亦以法求食、床座，不以非法。」

正方便是：「於中若有精進方便，一向精勤求，有力趣向，專著不捨，亦不衰退，正伏其心。」

正念是：「於中若心順念，背不向念，念遍、念憶、復憶心正不忘，心之所應。」

正定是：「於中若心住，禪住、順住，不亂不散，攝止正定。」

又說：「過去時，是苦滅道聖諦，未來現在時，是苦滅道聖諦。真諦不虛。」

（《大正藏》冊一，頁四六九）

從經文得知，八正道的每一道品的基礎與宗旨是相同的，那就是：（一）繫念、憶念，念四聖諦法。（二）觀行，觀本來所作所為，學習著依四諦法而修行；在修行過程中，得以發現種種過失災患，也從修行四諦法而達成止息煩惱，得入涅槃解脫，它的要領是當「無（執）著（的心）念」、「觀（上）善（的）心解脫」。

基於這樣的共通性，來逐條修習八正道的各項道品：正見的重點在於依如上的四聖諦等共通原則而做抉擇；正志是依共通原則而修伺（思惟）的念和望；正語是離四種口過；正業是離三種身過；正命是不依咒術等做為活命行業；正方便是學到修行方法之後，應當一向精進，專著不捨；正念是心順念、念遍、念憶、憶心正不忘失；正定是心住，不亂不散，其實就是由依四聖諦等修住心而得解脫。

另外依據《雜阿含經》卷二十八的第七八五經，佛陀說明八正道的八個道品的共通性，有兩項宗旨，那就是「世俗有漏、有取，向於善趣」以及「聖出世間無漏，不取、正盡、苦轉，向苦邊」。觀其內容，所謂「世俗有漏」的八正道，即是與有漏作意相應的八正道；所謂「聖出世間無漏」，即是能依無漏正見、思惟無漏四聖諦境，與無漏作意相應的八正道。例如正見的世俗有漏是：「若彼見，有施有說，乃至知世間有阿羅漢，不受後有。」正見的聖出世間無漏是：「聖弟子，苦、苦思惟，集滅道、道思惟，無漏思惟，相應於法選擇，分別推求，覺知黠慧，開覺觀察。」又如正念的世俗有漏是：「若念、隨念、重念、憶念，不妄不虛。」正念的聖出世間無漏是：「聖弟子，苦、苦思惟，集滅道、道思惟，無漏思惟相應。若念、隨念、重念、憶念，不妄不虛。」再如正定的世俗有漏是：「心住，不亂不動，攝受寂止，三昧一心。」正定的聖出世間無漏是：「聖弟子，苦、苦思惟，集滅道、道思惟，無漏思惟，相應心法，住不亂不散，攝受寂止，三昧一心。」

（《大正藏》冊二，頁二〇三—二〇四）

於經文所見，《雜阿含經》的八正道，分為兩個層次，一個是凡夫弟子所修，一個是聖弟子所修。凡夫弟子信有布施、有說法、有阿羅漢、有出離覺、有正語、有離身三惡行，有如法不如法的生活方式，有精進方便行，有不妄不虛念，有心住於不亂不散的定境，都是與有漏思惟（作意）相應的。至於聖弟子，是已證初果至四果的有學及無學人，是直接以思惟無漏的四聖諦來配合八正道，所以是與無漏思惟（作意）相應的。

修行八正道，多是由凡夫的世俗有漏，而進入出世間無漏的。以下就用這樣的角度，來解說八正道的道品次第。

八正道的內容

一、正見

正見，又名「諦見」。

正見便是見苦是苦、見習（集）是習、見滅是滅、見道是道。苦、習是世間因果，即是十二因緣的流轉；滅、道是出世間因果，即是十二因緣的還滅。

正見肯定世間因果，便是見有布施、有齋戒、有咒說、有善惡業因、有善惡果報、有此世彼世、有父母。便是見有世間之真人往至善處，見善去、善向。

正見認知出世間因果，便是見於此世彼世而得成就涅槃，自知、自覺、自作證。如此見於世間及出世間的因果法，便是如實知見。所以依正見而先得「法住智」（對因果緣起的決定智）及「涅槃智」。

正見，就是依四聖諦而得的知見，即是正確的看法，故又稱為「諦見」，因為諦就是如實和真實。正見與不正見是相對的，不正見，又名邪見或顛倒見。唯有與無漏智慧相應的空、無常、無我是正見。

每一個人幾乎都有自己的看法與想法，對自己的觀點非常執著，認為自己的意見是最正確的，例如哲學家們為了思想、為了意見，可以與人爭得面紅耳赤。其實，任何人的想法都不可能是真理，有的根本就沒有道理，但卻把自己的執著，認為是真理，這便是顛倒見。大的顛倒見會引發宗教思想及政治思想的衝突，小的顛倒見則在家庭、夫妻、朋友同事之間造成不和。

修八正道能從苦苦、壞苦，而得究竟解脫之樂。一般人知道的樂，是因六根的官能受到六塵的刺激之後，會覺得興奮、快樂；或者是因釋放、發洩而紓解身心的壓力所得到的快感。另一類精神品質高的人，則能體驗到離開觀念的苦、心理的苦、精神層面的苦，獲得禪定的樂以及解脫的樂；至於誰是精神品質高的人呢？凡是願意接受八正道的人就是。

釋迦牟尼佛成道之後，最早為五位比丘弟子說的，就是苦、集、滅、道四聖諦，由四聖諦可以知道我們所住的這個世間，本身就是個苦的事實。今天有位女眾菩薩一邊流淚一邊告訴我說，她九十二歲的母親往生了，心裡很難過，我安慰她說這已經是高壽了，可是因為是自己的親人，即使活得再長久，也是會捨不得的，這就是愛別離苦。又曾有一位電台記者訪問我，他看到我在傳記裡寫著，當我回到俗家時，發現父母均已去世，面對他們的墓碑時，我流下了淚，他問我說：「您是聖僧，怎麼也會流淚呢？」我說：「我是凡夫，不是聖僧。父母就是父母，父母往生時我都不在他們的身邊，回去看到的只是他們的墓碑，對父母的感情，一時間都湧現在腦海裡。無法報答父母恩，我怎麼能不流淚呢？」這讓我體會到愛別離苦，這就是一個苦的事實。

苦從何而來？必定有它的原因，我們從無量世以來造了種種的業，受種種的果報，受果報的同時，又在造業，凡是造業就稱之為「集」；凡是受果報的，便稱之為「苦」。苦的事實，是因為有苦的原因，但是凡夫非常愚癡，為了逃避苦的原因，為了追求快樂的結果，往往製造出更多不快樂的原因，這也就是「集」。如何從苦的事實得到解脫，必須要「滅」苦，例如鍋底正在用柴或炭在燒火，如果要滅掉火，必須釜底抽薪將柴火或炭拿掉，這樣就不會製造更多苦的原因。就如同有人犯了法，判刑關在牢房裡，本來刑期坐滿之後就可以出獄，結果在牢裡又犯法，甚至還逃獄，逃獄時又再犯罪，於是再度被抓進牢裡時就被判雙重的罪刑。因此，逃避果報是錯誤的，減少製造讓自己受苦的原因才是正確、可靠的，所以要斷集之後才能滅苦。

但是，要滅苦、斷集，並不是從此以後不做壞事就不受苦報，因為從無始以來造的種種惡業，變成了習慣，心裡雖然知道要不做壞事、不說壞話，卻因為習性使然，而口造業，身體也會犯罪。所以要用修道的方法來規範身、口、意三種行為，才真正能夠滅苦、斷集。

知道苦是由苦集而來，就會知道必須在修道之後才能夠滅苦，修道能生智慧而離煩惱，滅苦便是從煩惱開始滅起。一切煩惱的總稱是無明，那是因為智慧的光明被無明的煩惱所掩蓋、障礙；當滅了無明煩惱之後，便滅了往後的生死輪迴之苦，這是生死還滅，即得解脫。

修道的目的，是要從苦得解脫；修道的方法首先要以持戒來約束我們身、口行為。譬如傷害人會製造苦的因，要斷苦必須持戒，持戒要先從語言以及身體行為兩方面去努力。可是，僅僅語言和身體不傷害人，並不代表心就不起煩惱，要如何調心，就要讓心隨時隨地都保持平靜，不受身體及環境的影響，而產生痛苦的反應。我看到許多持戒清淨的人，雖然不做壞事，可是心裡還是會有壞念頭，煩惱仍然很重。如何能使得心念經常保持平靜，那就是要修定。因為雖然持戒清淨，但由於沒有修定，即使身、口不犯過失，心念還有煩惱。因此，除了要修正語、正業、正命，還必須要以正精進來修練與正見、正思惟、正念相應的正定。

八正道中最重要的部分就是正見，必須以正見做為基礎，修行其他的七個項目時，才能清楚地知道什麼是真正的正道。就像夜間在山路開車，沒有車燈或地圖時，也許碰巧能到達目的地，但是這種機會並不多。正見，就是車燈、就是地圖，能夠讓人平安、安全、正確、快速而順利地到達解脫的目的地。

具備正見，能讓我們知道修道能離苦而得解脫；如果不知道我們賴以生存的環境以及種種身心的狀況就是苦果，那就不可能修行了。

首先要認知，凡事有因、有緣，苦能集，苦也能滅，苦集和苦滅，都是從因緣而產生的因果，其中又包含世間苦的因和果，以及出世間解脫苦的因和果。世間的苦因、苦果，是苦集；出世間的苦因、苦果，則是苦滅。不知道苦集、滅苦的人是愚癡的凡夫，已悟知苦集、苦滅的人是有智慧的聖者。知苦集就是「法住智」，證苦滅則是「涅槃智」。法住智是指如實了解十二緣起法的智慧；涅槃智是能夠滅苦的智慧，這是在修道之後才能證得的解脫智。正見，就是以法住智，知道因為有因、有緣，所以有苦，必須要如法修行，修成之後才能證涅槃智而得解脫。

一九八九年我到印度朝聖，當到達釋迦牟尼佛悟道處的菩提伽耶，看到紀念大梵天王請佛說法的那根高大的石柱時，不禁流著眼淚跪在石柱前感恩。在我背後有位信眾奇怪地問我：「師父，您的感情這麼脆弱，看到一根石柱也會哭啊？」其實我是感恩佛在此說法，如果釋迦牟尼佛成佛之後沒有說法，那麼如今我們就聽不到佛法，也沒有機會用佛法來幫助自己了，所以當時非常感動、非常感恩。

一九七七年，我的師父東初老人圓寂，當我在美國接到臺灣的電話時，馬上流下眼淚，我知道從此以後我沒有師父了。對恩人、對父母、對老師、對兒女、對學生，對於生、老、病、死，是什麼就是什麼，這也是智慧。而不是說反正都是無常的、無我的、空的，還要感什麼恩、盡什麼責？如果這麼想，那便不是智慧，而是愚癡了。因此，以正見而言，人與人之間的關係是非常清楚的，有責任、義務，在時間的前後關係中，從過去到現在、未來，只要未得解脫，三世因果確定是有的，否定它，即是外道的邪見；肯定它，就是正見。

人們都害怕、恐懼死亡以及各種危機，擔心死後不知往何處去？在生之時又不知何時會有危險降臨？譬如當亞洲流行 SARS 期間，大家都非常害怕被感染，於是美國的東初禪寺採取預防措施，凡是從東方的中國大陸、臺灣、香港等地區來的人，都請他們暫時不要進入寺內。當時有一位雜誌記者採訪我時問道：「遇到恐懼時怎麼辦？如何才能不恐懼？」我就以SARS來做比喻，知道這種病是會傳染的，如果身處這樣的環境中，就要預防，而非徒然地恐懼緊張，這就是智慧。如果不做好預防工作，光是害怕、恐懼，那是沒有用的。

當時我剛從莫斯科指導禪修回到東初禪寺，有一位居士看到我非常疲倦，就很擔心地說：「師父，您的身體這麼弱，臺灣又正流行SARS，七月份時您還要回去嗎？」他的意思是說我的年紀大，免疫系統又差，碰到傳染病時的死亡率較高。所以我也對那位訪問我的記者說：「有一段時間，全世界發生空難的機率頻繁，有人勸我最好不要出門。但是我說，假如我應該死亡，上飛機不是正好趕上嗎？如果還臨不到我死，上了飛機也不會有事！」如果我的任務已了，任何時間都可以走；如果業障未了，還需要我受罪、受苦、受難，大概就要多活幾年了。

因此，得正見，學佛法，首先要具備「法住智」。沒有法住智，就想追求無我，追求空，追求滅苦得道的「涅槃智」，這是有問題的。凡是不相信世間的因果，還想去追求出世的因果，這是顛倒。所以務必記得兩句話：「未得解脫，先盡責任；尚未成佛，先做好人。」先要深信世間因果，把生而為人的本身做好，這就是法住智。涅槃智是目標，法住智則是修行的過程。當我們修行了自知、自覺、自作證，而曉得「所作已辦，不受後有」，應該做的全部都已做好，具足了法住智，才能得到涅槃智。有了涅槃智，仍須有法住智來廣度眾生。

自作證，就是證明自己已經徹底了悟生命的事實，是從因緣而生，又從因緣而滅。生滅，有一期生滅及剎那生滅。一期生滅，是從母親懷胎具有生命開始，直到死亡結束為止；剎那生滅，包括我們的心念，以及身體的細胞組織，在極短時間之中，都是剎那生滅，所以人既會成長，也會衰老。例如兩年前，我讚歎一位老太太會背〈楞嚴咒〉，她說這是小事情，年輕時就會背了；一年前我去看她，她背不出〈楞嚴咒〉，只能背〈大悲咒〉了；今年春天再去看她時，連〈大悲咒〉也背不出來，只會背〈往生咒〉了。下次再去看她，她大概只會念一句「阿彌陀佛」了，最後必然是由衰老而死亡，這便是因剎那生滅而進入一期生滅。

涅槃智原則上是滅一期生滅，但並不是只有當下的一期生滅，而是從此以後就不生不滅了。並且是在未死之前，已經實證到、體驗到任何一種現象，不論是身體現象、心理現象、環境自然現象，以及社會現象的自性，都是不生不滅的。如果不是每一剎那都在即生即滅，我們根本就不存在了；然其每一生滅現象的自性是空的，所以也是不生不滅的，所以當下就是實證涅槃智了。

二、正志

正志，又名正思惟、正思、正分別、正覺，或名「諦念」。

正志，有「伺」、「念」、「望」的功能，也就是在具備正見之後，進一步作意思惟正見所見的四諦。對正見所見的，做更深入的正確觀照。

正見是從聞法而來的增上慧學；正志是從作意審思而來的增上慧學。看到一切是苦、是無常、是無我，因而對於名利、權勢、恩怨，都能放得下了；從無我的正思惟中，趣向於離欲離執而出世間，便是如實作意的「諦念」。

所有一切現象，主要都來自於我們的身體以及我們的心念。身體的感覺有時似乎能帶來快樂，其實有身體便是一樁苦事、一種負擔，因為身體並不一定完全能接受自心的指揮及控制，它會生病，並且會產生種種生理上的反應，這不是自己所能掌控的。壓制反應，是件苦事；不能壓制，又會製造其他苦的原因。所以要觀身體是一種無常的現象，會帶來苦的事實。苦，是心理的感受，如果很清楚觀察到我們的身心是無常的、是空的，這就與無漏的智慧相應了。

知道有苦、有無常，那是正見，之後，必須能夠無常、無我、空，才能夠離苦。我認識一個人，最近他覺得自己的生命已經沒有什麼希望了，隨時都可能死亡，既然遲早會死，不如自殺算了。他雖然知道苦和無常的觀念，但是覺得很痛苦，以為自殺就沒事了。

像上述這樣的人是否有正見和正思惟呢？在觀念上、理論上他知道，無常應該就是無我，無我就是空，但是他沒有體驗到我這個身體雖然是苦，但是苦也是空的，既然苦之中沒有我，那為什麼一定要自殺、要逃避。他為了要逃避苦而想自殺，便沒有真正地體會到空以及無我。要真正體驗到空，必須具備菩提心，空和菩提心是一體的兩面，沒有菩提心，只是想著：「我是空的。」這是假的空、消極的空，不能真正離苦而得解脫。

三、正語

正語，又名「諦語」。

「正見」成就慧增上學；「正思惟」是依慧增上學，引發在日常生活中的「正語」、「正業」、「正命」的實踐，成就戒增上學；「正念」、「正定」是依慧增上學成就定增上學，「正精進」則依慧學而成就戒、定、慧的三增上學。

正語，即是以四種妙行——不妄言、不兩舌、不粗惡語、不綺語，遠離四種口過——妄言、兩舌、惡口、綺語。常作如實語，故名「諦語」。

正見是正確的認知，正志是用正確的心念來審思正見的內容，而正語是要如何配合語言行為著力修行。正語，即為真實的語言，《金剛經》云：「如來是真語者、實語者、如語者、不誑語者、不異語者。」因此，正語必須要離開四種不好的語言：（一）妄語：說謊；（二）兩舌：挑撥；（三）惡語：粗話；（四）綺語：花言巧語以及戲謔的話。除此之外，《瑜伽師地論》中又提到修學出世道的人，也不得說：「王論、賊論、食論、飲論、妙衣服論、淫女巷論、諸國土論、大人傳論、世間傳論、大海傳論。」

語言，是用來表達自己的意見、思想和智慧的，而不是用來傷害人的；與他人互動時，目的是使得他人得到幸福、快樂、安慰、鼓勵，也使他人發揮智慧心和慈悲心，當他人得到利益的同時，自己必定也會得到利益。因此，即使語言的表達非常好聽，但是卻傷害了人，那就不是好語言，也不是正語。

我們在對家人、朋友、部屬和長官，對任何人在用語言表達時，讓他人不起煩惱、不生邪見的就是正語，如果讓他人生起邪見、邪思，或使他人困惑，甚至很痛苦，馬上就要自我檢討，要來修八正道中的正語了。

能夠實踐正語這一項修行法門，對任何人都會尊敬，跟任何人相處都是和諧的。如果遇到無理取鬧的人，要知道是他在受苦，我們應該用菩提心、慈悲心，希望所有的人都不要那麼愚癡和煩惱。如此念頭一轉，便不會用惡語相向了。

四、正業

正業，又名正行，又名「諦行」。

正業，即是身三妙行——利益眾生、廣做布施、淨修梵行，離三類身惡行——

殺生、不與取（偷盜）、邪淫（出家眾為不淫欲），清淨合乎正道的行為，故名「諦行」。

為何會產生這三類不正行？是由於三種原因：（一）邪見：不正確的知見，認為三種不正行是修行的法門，認為是能夠使自己健康、長壽乃至生天的方法；（二）貪心：因貪財、貪名、貪男女色，而犯了三種不正行；（三）瞋怨心：為了報復，發洩自己的怨恨、憤怒而去殺、去偷、去邪淫。

目前中東地區的以色列、巴勒斯坦，經常發生衝突，互相殺戮，還有美國在發生九一一恐怖事件之後，對阿富汗及伊拉克等地發動戰爭，這都是因為彼此仇恨、相互報復，是很愚癡的行為。從佛法的角度來看，如果能以菩提心、慈悲心來對待所有眾生，這些行為便不會產生。

因此，正業實際上就是對生命的尊重，保護生存環境裡所有的資源及生態，絕不能為了私利而傷害到其他人，使社會、全人類受到損失。此外，要養成多結人緣、多布施的習慣，目的是讓他人得離苦，使自己生歡喜。

五、正命

正命，又名「諦受」。

命，就是活命、生活，正命是佛弟子的生活方式：在家佛教徒，要以合乎佛陀教法的生活方式，謀取各種生活所需；使用之時，不得浪費奢華，也不過於慳吝刻薄。要避免與殺、盜、淫、妄、酒等五戒相違的各種職業。

出家佛教徒，一向以施主供養生活所需的四事——衣、食、臥具、醫藥為來源。當避免五種邪命：（一）詐現奇特相以求利養；（二）說自己功德以求利養；（三）學占卜說吉凶以求利養；（四）大言壯語以求利養；（五）向彼稱此，向此稱彼以求利養。如《遺教經》說：「持淨戒者（比丘）不得販賣貿易，安置田宅，畜養人民、奴婢、畜生。一切種植，及諸財寶，皆當遠離。」如法獲取生活資源，以正確清淨的生活方式接受生活之所需品、所需物，就是「諦受」。

人活在世界上的第一要件是求生存，而正當的活命方式，必須要跟三無漏學相應，並以智慧、慈悲的立場來考量。智慧，是不使自己生煩惱；慈悲，是不因自己活命而傷害他人，甚至包括其他的眾生。每個人都應該有工作，一般人考慮的工作是法律所允許的，但是有些在法律上允許的工作，也會讓人受到傷害，對己、對人，既不智慧，也不慈悲。做為一個修行佛法的在家人而言，最好能夠避免與不殺、不盜、不邪淫、不妄語、不飲酒等相違的職業。例如以殺為業的肉品商，他們並不覺得是做了壞事，只是提供人們食物，算是一種服務業；然而拿眾生的生命做為賺錢謀生的一種方式，這是不慈悲的。

有一位男居士來皈依三寶之前，他家三代養豬，皈依三寶之後便改行了。這位信徒過去在一年之間都會飼養二千至四千頭豬，他曾經跟我說：「師父，我只是養豬而已，我把牠們照顧得肥肥大大的，我沒有殺生，我是很慈悲的。」

我問他：「這些豬要一直養下去嗎？」

他說：「不是，是要賣給屠宰場，那些殺豬的人才不慈悲。」

我說：「你能將他們請來，讓我見見他們嗎？」

這位信眾帶了兩位屠宰場的老闆來見我，我說：「你們什麼行業都可以做，為什麼一定要做殺豬的行業呢？」

其中一位老闆說：「過去殺豬是很殘忍的，而我們很慈悲，研究出如何使豬死得快樂，事實上我們並沒有要殺豬，而是有許多人要吃豬肉，我們不殺，其他的人也會殺的。」

我說：「不管你們如何慈悲，把豬殺了總是真的。」

「法師！如果你真正慈悲的話，就叫那些愛吃豬肉的人不要吃，那我們就可改行。」

正在此時，另外有兩位先生在一旁聽到我與養豬、殺豬的人的對話，我便問他們兩位是否吃豬肉？其中有位說：「師父，我們沒有一定要吃豬肉，可是我們不論走到哪裡，都是賣葷食，不吃肉很不方便。最好叫他們不要養豬、不要殺豬，我們就不會吃了。」可見養豬殺豬的謀生方式，對修行佛法的人而言，乃是必須終止的。

又如以偷盜方式來謀生的人也不是正命。不與而取，謂之偷；強奪豪取，謂之盜。世界上每樣東西都是有主的，凡是不屬於自己的，都不可以偷取或搶奪。曾有一件發生在臺灣國家公園的案子，有一群人組織了一個公司，專門至高山上挖掘一種特殊的小石材，還撿了一些樹根，結果經人告發，這個公司的人抗辯說：「這些石塊與枯樹根在山上太多了，都沒有人要，我們不撿，石塊變成廢物，枯樹根會爛掉，豈不可惜。我們公司是把它們變成有用之物，化腐朽為神奇，為國家社會增加財富，為何要禁止？」結果法院還是判決他們盜竊國家財物，因為這東西是屬於國家公園所有的。

正命，是依據慈悲和智慧的原則來從事各種行業，否則就不是正命而是邪命了。在家人的家庭和事業，其生活方式能夠持五戒就可以了，就算是正命。而出了家的比丘和比丘尼，就更嚴格了，因為出家人的生活所需，主要是由信眾供養，自己不需要從事以及經營謀取資生之物的行業。

但由於生活環境和風俗習慣不同，各地佛教出家人的生活方式也有差異。在印度，出家人的生活全部都是靠信眾或者王臣來布施；而中國的出家人，有供養習慣的信眾不多，因此中國的出家人必須種田，以求自耕自食。在印度，出家人種田是邪命；在中國，出家人種田則是正命。

又例如，在中國古代，經典是不可以賣而是布施的；還有在我年輕時的中國大陸，比丘弘法講經要收門票的話，會被人罵說是在販賣如來，將佛法當貨品販賣，這是邪命。可是到了西方社會，弘法演講不賣票，場地費從哪裡來？像達賴喇嘛在西藏寺院內弘法不賣票，可是他到了美國、歐洲，凡是來聽他演講都需要買票，而且票價很貴。

去年春天，我在美國哥倫比亞大學舉辦了一場演講，因為沒有賣票，以致於籌措各項經費時頗為辛苦。今年我們又準備再辦一場演講，但是預計來聽經的人需要買票，因為自給自足，由聽講者自己付錢。這是社會環境使然，不算是用佛法換取金錢，所以這還是正業、正命，而非邪業、邪命。

六、正方便

正方便，又名正精進、正治，或名「諦法」。有了正見、正思惟的慧學基礎，又有了清淨的身、口二業的戒行，自然能得身安心安，接下來便可以勤修正念和正定，而趣於證得解脫涅槃了，故名「諦法」。

正精進，便是三十七道品的第二科四正勤：（一）未生的惡法，使之不生；（二）已生的惡法，使之斷除；（三）未生的善法，使之生起；（四）已生的善法，使之增長。

正精進通用於三無漏學：（一）戒學，努力於離毀犯而堅持淨戒；（二）定學，努力於遠離定障的五欲及五蓋；（三）慧學，努力於遠離邪妄知見及各種煩惱障礙。正方便又稱為正精進，便是於諸道品，一向精勤，勇猛向前，專著不捨，勉力不退，伏煩惱心。

正精進涵蓋了全部的八正道，也就是努力不懈地遠離戒、定、慧三無漏學的障礙。然而僅僅遠離還是不切實，必須積極地去修諸道品，才能伏除各種障礙。

七、正念

正念，又名「諦意」。

正念是如實憶念諸法之性相，令不忘失。即是依四聖諦理，順念、遍念、憶念、念諸道品。若以四念處為例，即是憶念觀照「身、受、心、法」的自相及共相，以對治淨、樂、常、我的四種顛倒，由四念處而生起念根、念力、念覺支。

身念處　觀自相是觀自身相不淨。其共相則是觀自身是苦、空、非常、非我，以對治身淨的顛倒想。

受念處　觀自相是觀自己欣求樂受，結果卻生苦受。其共相則觀自己所受是苦、空、非常、非我相，以之對治樂受的顛倒想。

心念處 觀自相是觀自己能求之心不住。觀其共相是觀不住之心，是苦、空、非常、非我，以之對治心是恆常的顛倒想。

法念處 觀自相是觀一切法，皆為因緣所生，無有自性，即成觀法無我。觀其共相是觀一切法，無非是苦、空、非常、非我，以對治把一切法執之為我的顛倒想。

正念，是與無漏慧相應的，故又名為「諦意」。事實上，八正道雖然是三十七道品中的第七科，但是它最完備，也可以獨立運作，因為它涵蓋了前面的六個科目。釋迦牟尼佛教導弟子們修行時，最基本的佛法就是「四聖諦」與「八正道」，而八正道中的第一項「正見」，即為四聖諦。因此，八正道裡有理論、有方法，也有平常生活實踐之準則，以及如何到達修行智慧和禪定的目的。

若以六念法門為例，一心憶念，念佛、念法、念僧、念戒、念天、念施，便是正念。若以淨土法門的念南無阿彌陀佛的六字洪名為例，念佛念至臨命終時，能夠心不顛倒，意不錯亂，便名之謂不失正念。

八、正定

正定，又名「諦定」。

正念修習成就，即能成就正定。即是離五欲及五蓋的惡不善法，成就初禪乃至四禪。由世俗有漏的世間禪定，依四聖諦的「苦、苦思惟、集滅道、道思惟，無漏思惟相應」，便是趣向涅槃的勝定，故名正定。依正定而起現證緣起寂滅性的無漏慧，那便是涅槃智，也就是斷煩惱、了生死、得解脫。

正定，是八正道裡的第八項，也是三十七道品的最後一個道品。三十七道品一開始是四念處修觀，而後修四種神足的禪定，而正定便是與四神足、定根、定力、定覺支相應的解脫定。

禪定的定義為「心一境性」，性質是念頭止於一個境界，止於一點上；是由五停心，特別是數息及不淨二觀，另有八解脫、八勝處、十遍處修習而成。

定是有層次與階段的，正定是最高而殊勝的出世間禪定。一般人在日常生活中，心能夠比較穩定，情緒不易受到波動、起伏，似乎有點定力、定功，似也可以稱之為定，但不是禪定。真正修行禪定的方法而得較深的定，共有「四禪八定」的層次，四禪是色界的初禪、二禪、三禪、四禪，每一禪就是一個定的層次；而入第四禪後又有四種深定，是無色界的定；實際上就是四個禪天之中，有八個層次的定。

在佛法所見的凡夫世界分為三大層次：（一）欲界：欲界的眾生執著於貪戀的享受，追求五欲，不離五蓋等惡不善法，以物質世界為自己的生命，若欲界眾生能夠次第修九住心，而與捨受相應，即入未至定，成為初禪的前方便。（二）色界：已進入禪定的境界，感覺到住在定之中，而從物質負擔釋放了的覺受。它有四階：初禪離生喜樂、二禪定生喜樂、三禪離喜妙樂、四禪捨念清淨。（三）無色界：更深的禪定，屬於第四禪天裡更高層次，也有四階：空無邊處、識無邊處、無所有處、非想非非想處；但即使到達了這個層次，如果因為執著於禪定的經驗，執著於禪定的寂靜，所以仍未得解脫，若有無漏慧相應，如此便可由四禪而入第九次第的滅盡定，便從三界永得解脫。

我常在禪修期間告訴來參加的禪眾們說：「用度假的心情、用享受的態度來修行。」這對於沒有參加過禪修的人而言，是無法理解和想像的，整天都在打坐，又不准講話，食物與睡覺的地方也都不像餐館和旅館，怎麼可能抱著這種心態呢？

可是很奇怪的，許多參加過禪修的人，他們多半會一次又一次地再來，一些在家居士，只要有假期能安排出時間，一定會不斷地再來參加禪修。他們真的把禪修當成度假，當成享受，這就是得到了禪修的好處。

沒有參加過禪修的人，我鼓勵大家來試試看。如果我們每天都有一段時間練習禪修的方法，這一天的心情都會平穩、和諧；如果每星期、每個月、每年，都能有較長時間的定期修行，自然而然會體驗到禪修的好處。如果能進入禪定，便能經驗到輕安：初禪得語言滅輕安，二禪得尋伺滅輕安，三禪得喜滅輕安，四禪得出入息滅輕安。輕安的定樂，超勝於世間法中一切的欲樂，若與空慧相應，便從煩惱的我執得解脫。

大家尚未得到解脫，也未成佛，也不可能馬上證得阿羅漢果，講八正道的正定，似乎跟我們沒有什麼關係。但是修習正定還是有用的，普通凡夫雖未修得四禪八定，也可以練習著在平常生活裡，如何能夠不受身心與環境狀況的影響。例如最近有一位六十多歲的老太太，她在三個星期前檢查身體時，發現心臟和肝臟之間有一個拳頭大的腫瘤，醫生還在研究這是屬於什麼瘤時，這個腫瘤卻在短短的時間內疾速變成了有八磅重，從外表看那位老太太好像已懷孕了七、八個月，她的家人都很恐慌，送到醫院時醫生說已經不能動手術了。由於她聽我講過這樣的兩句話：「遇到麻煩的病症時，只有把病交給醫生，把命交給佛菩薩，繫念佛菩薩，自己就沒事了。」她就用我的這幾句話，讓她少了一些不安，也算是從念佛觀而得的安定力。

又例如最近我的一顆牙齒有問題，讓我很不舒服，請一位醫生替我治療。當時他為我打了麻醉針，所以不覺得痛，等到回來後就寢前，麻醉藥已經退失，那個部位不但很痛，而且還有些灼熱，可是當時已經很晚，醫生大概也休息了，我只好等到隔天早上再說。然而痛還是很痛，我就告訴自己說：「不是我在痛，而是我的身體在痛，就讓它痛吧，我要睡覺了。」這樣一想，我的身體和頭腦就放鬆了，在朦朧之中睡著了。睡了三個小時之後醒過來，牙齒居然不痛了，這也算是從念處觀而得的功用。

八正道與三增上學

佛說的脫苦之道，即是八正道，其內容其實就是戒、定、慧的三無漏學，又名三增上學，都是由聞慧而進入思慧，再依修慧而現證解脫慧的涅槃智。也就是由聞慧的正見，生起思慧的正思惟、正語、正業、正命，這部分屬於戒增上學；再由思慧而進入正精進、正念、正定的修習，而生起修慧，依修慧而得現證慧；這既是定增上學，同時也是慧增上學。因為八正道是由正見等而入正定，故不同於世間禪定，所以得到定增上，也就得到了慧增上，究竟便得俱解脫。

現依據印順法師《成佛之道》，將三增上學及聞、思、修、證四種慧位，與八正道的關係，列表如下：

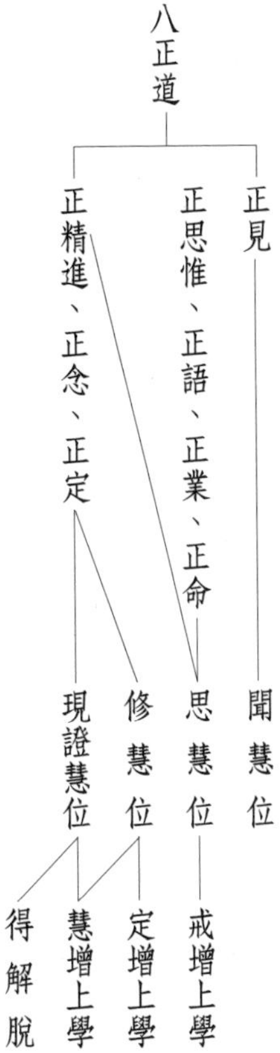
八正道
正見
正思惟、正語、正業、正命
正精進、正念、正定
聞慧位
思慧位
修慧位
現證慧位
戒增上學
定增上學
慧增上學
得解脫

八正道與四聖諦

八正道的「正見」，是聞四聖諦法；「正思惟」是審思明察四聖諦法。世尊於鹿野苑為五比丘初轉法輪，說的便是四聖諦法。

生死苦果的事實，是由造了生死業的苦因而來，即是苦諦與苦集諦。如果順著苦諦與苦集諦的因果循環，便是十二因緣的生死流轉，便是世間的苦海；如果不造生死業，便斷集諦，亦滅苦諦，便是十二因緣的生死還滅，便能出離世間的苦海，而得解脫。

但是，集諦不易斷，苦諦就不易滅，那是由於無始以來的無明煩惱，總是令人陷在造業、受報的漩渦之中，無法超脫。故欲滅苦諦，當斷集諦；欲斷集諦，當修道諦。所以，修習道諦，才是證苦滅諦的正因；證得苦滅諦，便是修習道諦的結果。

生死苦的果報，是因無始無明而造了生死業。無始無明即是十二緣起的第一緣起，若觀無明、觀無明集、觀無明滅、觀滅無明之道……，乃至觀老死、觀老死集、觀老死滅、觀滅老死之道，這便是十二緣起的四諦觀了。為了要以修習道諦，來斷苦集諦而證苦滅諦，所以世尊為弟子們說了八正道：以正見，聞知四聖諦，離於邪見、邊見；以正思惟，審慎明察四聖諦，向於離欲，向於滅苦之道；以正語、正業、正命，向於斷截苦集聖諦，不造生死業因；以正精進，修習戒、定、慧的三增上學，向於苦滅聖諦；

以正念、正定 ＜ 完成定增上／發起現證慧 ＞ 得寂滅智，證解脫果。

其中「正見」一項的內容，即是佛在鹿野苑為五比丘說的「三轉十二行相」的四諦法輪：

> 爾時，世尊告諸比丘，有四聖諦。何等為四？謂苦聖諦、苦集聖諦、苦滅聖諦、苦滅道跡聖諦。若比丘於苦聖諦當知、當解，於集聖諦當知、當斷，於苦滅聖諦當知、當證，於苦滅道跡聖諦當知、當修。——

《雜阿含經》卷十五第三八二經（《大正藏》冊二，頁一〇四中）

若比丘於苦聖諦已知、已解。於苦集聖諦已知、已斷。於苦滅聖諦已知、已證。於苦滅道跡聖諦已知、已修。如是比丘則斷愛欲。轉去諸結。於慢、無明等究竟苦邊。——《雜阿含經》卷十五第三八三經（《大正藏》冊二，頁一〇四中）

哪些是苦，哪些是集，什麼是滅，什麼是道。苦是應知的，集是應斷的，滅是應證得的，道是應該修習的。苦、我已徹知，集、我已斷盡，滅、我已證得，道、我已修學完成。

這也就是表示，佛陀是從四聖諦的知、斷、修、證中，完成了解脫生死的大事，弟子們也應該照著去實行才對。如何修學？便是依據八正道而修證四聖諦了。

八正道與十二因緣

八正道既與四聖諦密切相關，當然也與十二因緣有關係。因為四聖諦就是為了處理十二因緣的苦、集二諦，而說出了滅苦、斷苦集的道諦。八正道的正見，便是讓弟子聞知由於十二因緣的苦、集二諦，因果循環，而成生死苦海。也讓弟子聞悉當修苦滅道聖諦，而斷苦集諦，而證苦滅諦。也可以說，八正道的功能，便是能使十二因緣的生死流轉，變成為十二因緣的生死還滅；生死流轉是無邊的苦海，生死還滅是涅槃和解脫。

佛陀在《阿含經》中常說「此有故彼有，此生故彼生：謂無明緣行，行緣識，……生緣老死」，稱為「純大苦聚集」，便是指的十二因緣的生死流轉，是由苦集而有苦果，在受苦報的同時，又造苦因的苦集，並且循環不已。

佛陀在《阿含經》中又常說「此無故彼無，此滅故彼滅，謂無明滅則行滅，行滅則識滅，……生滅則老死滅」，稱為「純大苦聚滅」。便是十二因緣的生死還滅，是由修習道聖諦，而斷苦集諦，證苦滅諦。因修道聖諦而得無漏的涅槃智，而滅無明；無明滅、則行亦滅，行滅則識亦滅，乃至生滅老死亦滅，此時便從苦諦與苦集諦得解脫。

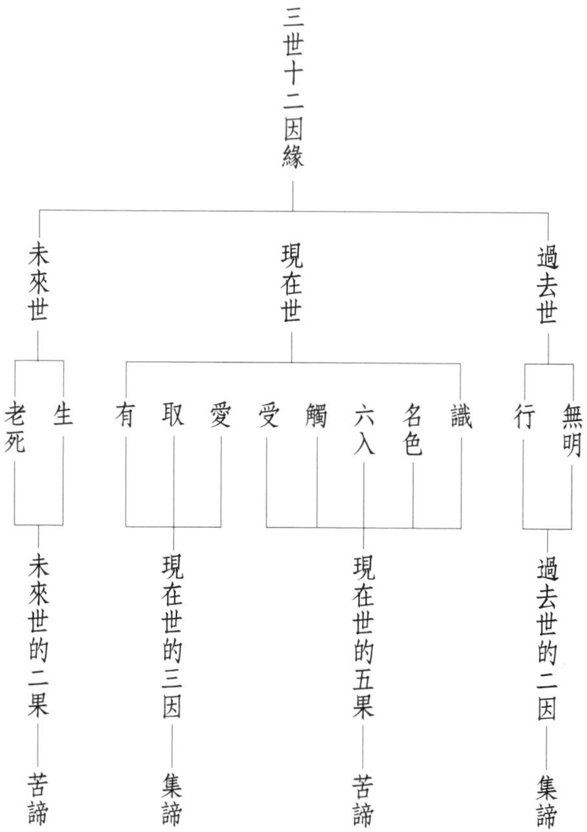

由此可知，修習八正道，即是四聖諦中的道聖諦，若不修習八正道，便不得涅槃智；不得涅槃智，便不能斷集、不能滅苦，便永遠流轉在十二因緣的生死苦海而不得解脫了。

八正道是四聖諦中的道聖諦，是用來斷集滅苦的道品次第。四聖諦的苦諦及集諦，便是十二因緣的三世因果；若要出離十二因緣與三世因果的範圍，必須修習八正道的道品次第。所以也可以說，八正道的道品次第，是為了對治十二因緣的生死流轉而設。

八正道的範圍相當的廣，可以說是「戒、定、慧」三無漏學，也可說是「四聖諦法」，四聖諦法之中如果沒有八正道，四聖諦就不能成立；既然八正道與四聖諦是分不開的，自然跟十二因緣也分不開了。因為四聖諦是使我們離苦得樂，而十二因緣就是苦的事實，修八正道就是要滅除十二因緣構成的大苦聚。

八正道是三乘共法

聞佛所說的四聖諦法，如法修習而得解脫的，稱為聲聞。未聞佛說四聖諦法，自觀十二因緣法而得解脫的，稱為緣覺，梵名辟支佛。合此二者，總名為二乘聖者，相對於大乘的菩薩道而言，二乘又名為小乘的解脫道。

但是，大乘的菩薩道，必須也以解脫道為基礎。不論大乘或小乘，出離生死的才是佛法，所以解脫法門的八正道，是大、小三乘共通的涅槃門，也即是《阿含經》中所說別無二法的「一乘法」。因此，不僅小乘的《中阿含經》及《雜阿含經》宣揚八正道，諸大乘經中，亦盛讚八正道。例如：

《佛說阿彌陀經》介紹西方阿彌陀佛的極樂世界，稱揚「七菩提分、八聖道分」。

《楞伽經》云：「唯有一大乘，清涼八支道。」

《維摩詰經．佛道品》中有云：「象馬五通馳，大乘以為車，調御以一心，遊於八正路。」同經〈菩薩品〉亦云：「三十七品是道場，捨有為法故。」

依據《摩訶止觀》卷七上的引文：「涅槃云：能修八正道者，即見佛性，名得醍醐。」

由此可知，如果從大乘聖典的立場來看，八正道便是大乘法。

雖然有許多人認為四聖諦、八正道是屬於小乘的佛法，可是在大乘的經典和論典裡，都主張用八正道來修行菩薩道，也就是說，菩薩道的完成是需要八正道的。八正道是以小乘出發，卻也是完成大乘佛法的基礎。

八正道即為大乘佛法

若依據《大智度論》卷十九（《大正藏》冊二十五，頁二〇三—二〇五）所說的三十七道品，根本就是大乘的菩薩所修道品，對於八正道的部分則如下列所說：

正見——菩薩於諸法空無所得住。是智慧，如四念處、慧根、慧力、擇法覺支中已說。

正思惟——斷一切思惟分別，因諸思惟分別，皆從不實虛誑顛倒生。菩薩住如是正思惟中，不見是正是邪，過諸思惟分別。觀四諦時，無漏心相應。

正語——菩薩知一切語皆從虛妄不實顛倒取相分別生。是菩薩作是念，語中無語相，一切口業滅，諸語皆無所從來，滅亦無所去。菩薩知一切語言真相，雖有所說，不墮邪語。

正業——菩薩知一切業邪相，虛妄無實，皆無作相，一切業空，菩薩入一切諸業平等，不以邪業為惡，不以正業為善，無所作，不作正業不作邪業，是名實智慧。

正命——一切資生活命之具，悉正不邪，住不戲論智中，不取正命，不捨邪命，亦不住正法中，亦不住邪法中，常住清淨智中，入平等正命，不見命，不見非命，行如是實智慧，以是故名正命。

正方便——如四正勤、精進根、精進力、精進覺支中已說。

正念——如念根、念力、念覺支中已說。

正定——如四如意足、定根、定力、定覺支中已說。

由此可知，八正道就是自利利他的大乘佛法，以下根據《大智度論》所講的八正道，重新略為解釋：

正見　大乘的菩薩行是修無所住心，也就是說《金剛經》講的：「應無所住而生其心。」

正思惟　大乘的正思惟不需要有一定的方法，而是以心中沒有「我」的這個著力點來做為方法。

正語　菩薩知道我們所用的一切語言，都是從虛妄的顛倒見所產生的種種分別心，這都不是真實語。真實是不必透過語言、文字理解的；然若用語言，亦不墮邪惡。

正業 業是行為，透過語言、身體、意念所產生的種種行為。從菩薩的立場來看，所有一切業，無所謂邪與正、惡與善，這是無分別智。因為沒有主觀的我執在裡面去判斷邪、正、善、惡，一切的行為便都是平等的。

正命 從大乘菩薩的立場來看，只要心中沒有自私的我，用任何方式來謀取生活之所需，都是正確的。在《華嚴經》裡看到許多的大菩薩們各有不同的職業，甚至還有妓女、魔術師、暴君等。從凡夫來看，這些人都是在造惡業，是邪命，然而經典中說他們是為了度眾生而顯現不同身分的大菩薩。但是也請大家不要誤解，認為邪淫、殺人、偷盜，都是因為要行菩薩道，如有自私自利的自我中心，做種種不正當的事，便是惡業。

正方便、正念、正定 此三項都是為了利益眾生而修，這就是大乘法。雖然修的方法與小乘相同，可是目的是為了利益眾生。就像釋迦牟尼佛出家修道不是為己，而是因為眾生有生、老、病、死等問題，為了要使眾生從苦中獲得解脫，才去修行的。

出離三界的八正道

古來都說聲聞道的三十七道品，是次第修證的方法。初修四念處；到了煖位，修四正勤；到了頂位，修四如意足；到了忍位，修五根；到了世第一位，修五力；到了見道位，修七覺支；到了修道位，修八正道。

這是約就七類的各別特勝意義而說的，如果從經典中來看，任何一類道品，都是能解脫生死的，都可說是「一乘道」。

若將三十七道品的功德性能整合起來，也不外乎十類，印順導師的《成佛之道》，依《大智度論》卷十九所說：「是三十七品，十法為根本，何等十？信、戒、思惟、精進、念、定、慧、除、喜、捨。」而歸納為：

信——信根，信力。

勤——四正勤，勤根，勤力，精進覺支，正精進。

念——念根，念力，念覺支，正念。
定——四神足，定根，定力，定覺支，正定。
慧——四念處，慧根，慧力，擇法覺支，正見。
尋思——正思惟。
戒——正語，正業，正命。
喜——喜覺支。
捨——捨覺支。
輕安——輕安覺支。

在三十七道品的七科（類）之中，敘述得最圓滿的，是第七科的八正道。所以經中常將四聖諦與八正道合起來說；更簡要地說，無漏道品便是戒、定、慧的三種增上學了。

八正道是佛陀提供給人間離苦得樂的八個項目。人類有兩個基本的大問題，從生命的過程之中，會遇到身心以及社會環境、自然環境等問題而感覺到不快樂，不同的人有不同程度的感受，福報大的，受的苦難少；福報小的，受的苦難就多。

不論是福報大小，任何一個人，到最後都無法避免死亡。八正道就是幫助我們解脫這兩大問題的方法：一是如何度過種種的困難而不自擾擾人；二是面臨死亡時，不會恐懼、害怕、無奈。

（二〇〇三年四月二十日、二十七日，五月八日，十一月二日、九日、十六日，以及二〇〇四年五月十六日、二十三日，共計八場，講於美國紐約東初禪寺，姚世莊居士整理）

附錄

英文版《菩提之道——三十七道品》編者序

這本書的主題，是巴利文稱為 bodhi-pakkhiyā、梵文稱為 bodhi-pakṣika 的佛陀教法。這名詞的直譯，是「菩提（覺悟）相關之事」，或「菩提之要素」（菩提分）。這個教法的中文名稱為「三十七道品」，亦即覺悟之道的三十七品次，也稱為「三十七菩提分」或「三十七種助道法」。李世娟博士（Dr. Rebecca Li）在為聖嚴法師的開示做現場翻譯時，採用後者的英文名稱，本書即是依據這些開示編輯而成。南傳的坦尼沙羅比丘（Thānissaro Bhikkhu，當代知名的巴利文專家，現為美國聖地牙哥 Metta Forest Monastery 的住持），在他的闡釋三十七道品的不朽著作中，將這個教法稱為「飛向覺醒之翼」❶。這本書的英文書名——《菩提相關之事》（*Things Pertaining to Bodhi*），是取其簡要及忠於原梵文名稱（bodhi-pakṣika）而訂定的。為了簡便，在此篇序中我們將以「三十七道品」述及這些教法。

在一九七七至二〇〇六年之間，聖嚴法師每年往返於他創建的臺灣法鼓山道場，及紐約皇后區的東初禪寺，輪流於二地停留各三個月。於一九九九年五月至二〇〇三年十一月期間，每當法師駐錫於紐約時，每個星期日下午，他都會盡其所能、傾囊講授三十七道品。這些開示經過整理編輯，而在他身後出版成書。

有關三十七道品，首先要知道的是，這些教法並不是佛陀在哪一個時間或哪一部經典中宣說的。三十七道品中各個不同而卻相關的道品，是佛陀在他一生教化中不同的時期所宣講的。也就是說，在佛陀的一生中，佛陀並沒有在某一處場所或在佛教的某一部經典中，完整地宣說所有的三十七道品。舉例而言，三十七道品的第七，也是最後一組的八正道，是直接出自於佛陀第一次說法的《三轉法輪經》（*Dharmacakrapravartana-sūtra*）中的四聖諦。

又例如三十七道品的第一組四念處，是涵蓋在《念處經》（*Satipatthana Sutra*）裡面，做為單獨的教導，而不是出自於一套名為「三十七道品」的整體教法中的其中一部分。因此，實際上，我們可將三十七道品，視為佛陀談論如何走向覺悟之道的一套教法選集或全集。在《飛向覺醒之翼》一書中，坦尼沙羅比丘把它們當成選集來處理。

何謂三十七道品？

如果三十七道品不是以明確而獨特的一套教法宣說出來，那麼它們出自哪裡呢？它們是佛陀在不同的時間和地點，對弟子們所宣說的，七組修行法門，以做為趣向菩提（覺悟）的修行典範。這七組中，每組項下再分成幾項修行或品別，使所有的項目總計成三十七品項。如前所說，這七組修行項目在聖典裡並沒有一定的出現順序，不過，在修行上它們是有先後順序的。

三十七這數目指的，就是所有包含在這七組修行法門的各個品項的總數。它的內容是：

一、四念處（smṛty-upasthāna）
二、四正勤（samyak-prahāṇa）
三、四如意足（catvāra ṛddhi-pādāḥ）
四、五根（pañcendriyāṇi）
五、五力（pañca balāni）
六、七覺支（sapta-bodhy-aṅgāni）

七、八正道（āryāṣṭāṅgika-mārga）

阿毘達磨之參照

經典中提到整體三十七道品的地方，就是《大藏經》的第三部分：阿毘達磨（論典）。下面是分層表列式的陳列，呈現三十七道品在《大藏經》，也就是佛典的三大部類——經、律、論——中所處的位置，此處省略掉與本文所討論無關之細節。

《大藏經》

律藏（毘奈耶：行為法則）

經藏（修多羅：佛陀言教）

論藏（阿毘達磨：七部評論及哲學分析之論書，其中包括《分別論》）

《分別論》（*Vibhanga*）（再分為十八本書）

第五書：五根、五力（包含兩組）

第七書：四念處
第八書：四正勤
第九書：四神足
第十書：七覺支
第十一書：八正道

三十七道品在覺悟之中的角色

若說三十七道品總和起來，構成一張通往覺悟之路的地圖，那是很實用的說法，也提供了正確的佛法，因為佛陀勸誡弟子們，要致力於這些法門的修行。但是如果誤解了佛陀的用意，那它們可能會成為一種綁手綁腳、畫地自限的見解。另外一種值得思考的觀點就是探討，三十七道品或許是可以使人覺悟，但它們是必要的嗎？如果從禪宗的觀點來探討，乍看之下，似乎並不一定需要，因為大多數禪師並沒有花什麼時間來教導三十七道品，做為一種覺悟之道。

禪師們所教導的是直接的禪法，主要是公案及默照禪（日本禪：只管打坐）的方法。那麼佛陀三十七道品的教導與中國、日本禪師所教的禪法或佛法，是否有斷隔、無法連貫之處？聖嚴法師在本書之中對此謎題做了相當深入的探討，但並沒有把它當成謎題來處理。不過我們可以說，聖嚴法師的開示，花了相當的工夫來調和三十七道品的次第漸進法門，與中、日禪師所倡導的頓悟法門之間的差異之處。

聖嚴法師把這種差異，部分歸因於個人根性的問題：「既然大多數禪師教的是頓悟法門，他們就很少講到被認為是漸修方法的三十七道品。不過我確實也有教授漸修的方法，做為進入頓悟法門的修行基礎。對那些能夠頓悟見性的人，頓悟法門是一樁美事，他們可以不用漸修的方法。但是對那些不能夠頓悟見性的人，他們可以修習漸次的方法，做為修習頓法的基礎。」

法師又說：「我們經常把禪與頓悟聯想在一起，可是禪修確實也是一個層次、一個層次而進步的，只不過禪眾並不把每一個層次當做究竟的目標。因此，雖然禪講頓悟，但是也涵蓋漸修，就像三十七道品所講求的次第修行。」

在聖嚴法師的開示裡，為了調和三十七道品的循序漸修法門和大乘的直接頓法，他一再地回歸到二者的實踐方法，亦即修禪定，也就是藉定來修慧。換句話說，不管是修習三十七道品的漸法或是禪的頓法，禪定都是體證智慧所必須具備的要件。

在禪定之外，聖嚴法師也提出，修行要有進步的另一關鍵，是必須修持德行。實際上，無論是修習三十七道品的漸法或禪的頓悟法門，禪定與德行的修持是恆常而且至為重要的。要怎麼培養德行呢？就是要修三十七道品的第二組，即四正勤：「未生惡法令不生，已生惡法令息滅。未生善法令生起，已生善法令增長。」

最後要為前所提及的觀念，做一總括性強調。我們不應把禪定和德行看成個別分開的修行，而應看做一體的兩面：有品德的生活可強化禪定，而禪定可促進有品德的生活。若能如此看待修行，那麼漸修與頓悟法門之間的任何形式上差異，似乎也不是那麼重要了。

如果把三十七道品簡單地看成是，一套次第漸進、直線式的悟道軌則，永遠如此，沒有變化或偏離，必須一步接著一步往前走，那也是誤解了。坦尼沙羅比丘用了一個非常現代化的比喻，建議大家把三十七道品看成一幅三度空間的全像圖。簡單地說，也就是這三十七道品的任何一項，都反映也含攝了其他各項。

雖然聖嚴法師沒使用這個名詞，但是他的教導裡說到，在大乘法門中，對心及心之活動的直接觀照，即可穿越並貫通這三十七道品中各個相異的組別及項目的修持，這便與全像圖的觀點互相共鳴，可以說是三十七道品的空間觀。

我們也可從時間觀來了解三十七道品。舉例來說，我們只要開始認真地修習四念處，也就是第一組的道品，同時也就在修習八正道的最後一項，也就是正定，或禪定。換句話說，三十七道品裡的所有七組道品，也可看做是貫穿相通的，當然，這要看修行者所證得的境界。

當證得圓滿覺悟之時，也就體證了全部的三十七道品。這並不是說，當開始修四念處的第一念處時，八正道的第八項正道是在遙遠、循序而進的未來。然而，從實踐的觀點來看，第八項正道就在眼前當下。在這種意義上，只要你修習其中一項道品，你就是在修習全部的道品。

從修行的本質上來講，當我們最終完成全部項目時，個別項目的獨立性與特點並未失去。我們還是需要遍修各個品項來完成覺悟之道；準備成為阿羅漢的人應該遍行全部的三十七道品。

換句話說，套用一個數學用語，經歷三十七道品的修行，或多或少可說是一種遞歸式的經驗。每一步都是新的開始，而當我們到達時，就會覺得好像我們早已來過了。雖然似曾相識，但風景和整體環境已經改變了，變得更深、更廣，無法估量。

或許如同我們所說，覺悟是沒有捷徑可尋，不過，覺悟是可以從修行的任何一點來達成的，只要心已成熟並已做好準備。就此觀點而言，將三十七道品視之為循序漸進，或認為各項是同時並行並存的，並不會互相矛盾；反之亦然。

所以如果我們以觀呼吸做為開始，我們是不是也在修習，比如說四如意足的第一項欲神足（chanda）呢？也就是聖嚴法師所說的「想要達到至上勝妙的禪那，以顯現智慧的欲望」呢？事實上，這答案只能在修行者個人的心中找到，如果他們已經到達那一個境界。如果能體認到這點，我們就更能夠了解三十七道品的美妙及奧祕了。

佛陀的入涅槃

要說明三十七道品的重要性，最好的方法或許莫過於回想《大般涅槃經》裡，佛陀進入般涅槃之前對弟子會眾的最後教誡了。此經為他對阿難所說，阿難是記誦佛說來傳播佛法的佛陀弟子。就在涅槃前的三個月，佛陀講了下面這些話：❷

「那麼，阿難，我們到大森林裡有斜頂屋精舍的大殿去吧！」阿難尊者回答說：「好的，世尊。」

於是世尊就在阿難尊者的陪同下，來到大森林裡的斜頂屋精舍的大殿。在那裡他對阿難尊者說：「去吧，阿難，把所有住在毘舍離附近的比丘們，都召集到法堂裡來吧！」

「好的，世尊。」阿難尊者就聚集所有住在毘舍離附近的比丘們，讓他們在法堂裡集合。然後，他恭敬地向世尊作禮，站到一旁說：「世尊，比丘眾已經集合了。現在就請世尊做指示吧。」

最後的教誡

於是世尊就進入法堂，坐上為他準備的法座，勸誡比丘們說：

「比丘們啊，我告訴你們這些我親知親證、並向你們開示過的教法。這些是你們應該徹底學習、培養、發展、並經常修習的，這樣清淨的梵行才能建立，並流傳久遠，讓大眾得到安樂與幸福；這是為了悲憫世間，也為人類與天人帶來利益、安樂、幸福。

「比丘們，這些教法是什麼呢？它們就是四念處、四正勤、四如意足、五根、五力、七覺支、八正道。

「比丘們啊，這些是我親知親證、並向你們開示過的教法。這些是你們應該徹底學習、培養、發展、並經常修習的，這樣清淨的梵行才能建立，並流傳久遠，以利大眾的安樂與幸福；這是為了悲憫世間之故，也可為人類與天人帶來利益、安樂、幸福。」

然後世尊便告訴比丘眾說：「因此，比丘們，我告誡你們：聚者必散（眾緣聚合之物必當消散）。認真努力用功吧。如來的般涅槃已近了。三個月之後，如來將入於寂滅。」

講完這些話，這位已證得無上妙樂的天人師便說偈道：

我的年歲已圓熟了，只剩下短短的壽命。
我將離開你們，孤身獨自而去。
比丘們，要認真啊，保持正念及清淨的德行。

以堅固的決心守護自己的心念。
那些努力不懈地追求正法與戒律的人，
將超越生死流轉，止息一切痛苦。

在這篇序言之末，引用聖嚴法師在二〇〇九年二月三日，圓寂之前的最後教示，應該是非常恰當的：

無事忙中老
空裡有哭笑
本來沒有我
生死皆可拋

（恩尼斯特．侯〔Ernest Heau〕撰寫，法鼓山文化中心國際編譯部譯）

註釋

❶ 坦尼沙羅比丘，《飛向覺醒之翼：巴利聖典之選集》（*The Wings to Awakening: An Anthology from the Pali Canon*），麻州，巴爾，法施出版社，一九九六年出版，網址：https://www.accesstoinsight.org/lib/authors/thanissaro/wings.pdf。

❷ 摘自瓦吉拉修女（Sister Vajirā）及法蘭西斯・史托利（Francis Story）之巴利文《大般涅槃經》翻譯之第三部分：《佛陀在世的最後日子：大般涅槃經》（*Last Days of the Buddha: The Mahā Parinibbāna Sutta*），斯里蘭卡，坎第，佛教出版協會，一九九八年出版。此段經文之引用已蒙許可。

國家圖書館出版品預行編目資料

三十七道品講記 / 聖嚴法師著 . -- 三版 . -- 臺北市 : 法鼓文化 , 2023.03
面；　公分
ISBN 978-957-598-985-9（平裝）

1. CST: 佛教修持

225.7　　111022139

現代經典 12

三十七道品講記

Commentary on the Thirty-Seven Aids to Enlightenment

著者　聖嚴法師
出版　法鼓文化
總審訂　釋果毅
總監　釋果賢
總編輯　陳重光
編輯　李金瑛、林蒨蓉、李書儀
封面設計　謝佳穎
內頁美編　小工
地址　臺北市北投區公館路一八六號五樓
電話　(02)2893-4646
傳真　(02)2896-0731
網址　http://www.ddc.com.tw
E-mail　market@ddc.com.tw
讀者服務專線　(02)2896-1600
初版一刷　二〇一一年二月
二版三刷　二〇二三年五月
建議售價　新臺幣三二〇元
郵撥帳號　50013371
戶名　財團法人法鼓山文教基金會－法鼓文化
北美經銷處　紐約東初禪寺
Chan Meditation Center (New York, USA)
Tel: (718) 592-6593　E-mail: chancenter@gmail.com

法鼓文化